中国語で
案内する
日本

塚本慶一
芳沢ひろ子 | 共著

研究社

はじめに

　日本での観光を楽しみに来日する中国人観光客の数は、増加の一途をたどっています。以前は経済、貿易などの分野に限られていた交流が、今では文化、芸術、環境保護、科学技術へと広がり、観光の面でのつながりも活発化しているのです。そこで「民間外交官」として、中国語を自由に操り、両国の友好親善の一翼を担いながら、日本の文化、慣習を紹介し、名所旧跡めぐりやショッピングなどの様々な場面で来日した中国人をガイドする能力が求められるようになりました。
　本書は、著者自身の観光案内の経験上、それぞれの現場でよく使われる基本的な、そして応用可能なシンプルなフレーズを多数紹介しています。Part 2 のダイアローグでは、「食事」「観光」「買い物」などの場面別に、要領よく相手に説明し、理解してもらえるよう、実践的な会話例にまとめています。付属の音声も聞きながら音読練習を繰り返し、本文に出てくるフレーズを自分のものにしてほしいと思います。
　日本と中国が国交を回復してから、はや 40 数年が経過しました。1970 年代当初は、「点と点」にすぎなかった両国の交流は、今では「線」に広がり、「面」へと発展を続けています。本書を手に取られた方が、来日した中国人に日本をよく知ってもらい、日本への親しみを持ってもらえるような「民間外交官」としての役割を大いに果たしてくれることを願っております。
　最後に、本書の出版に際して多大なご尽力をいただきました研究社の大谷千明さんと鎌倉彩さんに感謝の意を表します。

　2015 年秋

塚本　慶一

芳沢　ひろ子

音声のダウンロード方法

　本書の「Part1　ガイドの基本フレーズ300」の中国語例文、および「Part2　状況別ダイアローグ」の中国語の会話の音声は、研究社ウェブサイト (https://www.kenkyusha.co.jp/) から、無料でダウンロードいただけます (MP3 データ)。以下の手順でダウンロードしてください。

1) 研究社ウェブサイトのトップページで「音声ダウンロード」をクリックして「音声データダウンロード書籍一覧」のページに移動してください。

2) 移動したページの「中国語で案内する日本」の紹介欄に「ダウンロード」ボタンがありますので、それをクリックしてください。

3) クリック後、ユーザー名とパスワードの入力が求められますので、以下のユーザー名とパスワードを入力してください。
    ユーザー名: guest
    パスワード: guideinChinese

4) ユーザー名とパスワードが正しく入力されると、ファイルのダウンロードが始まります。ダウンロード完了後、解凍してご利用ください。
   本書のTrack番号のアイコンの表示にしたがって、該当する番号のMP3音声をお使いください。

目　次

はじめに　　　　　　　　　　　　　　　　　　　　　　iii
音声のダウンロード方法　　　　　　　　　　　　　　　　iv
本書の使い方　　　　　　　　　　　　　　　　　　　　viii

Part 1　ガイドの基本フレーズ300

あいさつとおしゃべり　　　　　　　　　　　　　　　　　2
ツアーの計画と日程　　　　　　　　　　　　　　　　　　6
見学地での誘導　　　　　　　　　　　　　　　　　　　10
見どころの説明　　　　　　　　　　　　　　　　　　　16
提案する、注意する　　　　　　　　　　　　　　　　　20
盗難や病気について　　　　　　　　　　　　　　　　　24
買い物について　　　　　　　　　　　　　　　　　　　30
食べ物や飲み物について　　　　　　　　　　　　　　　34
乗り物の案内　　　　　　　　　　　　　　　　　　　　38
ホテルでの案内　　　　　　　　　　　　　　　　　　　44

Part 2　状況別ダイアローグ

1.　一緒に食事をする

朝食に生卵が出た　　　　　　　　　　　　　　　　　　52
日本の中国料理店　　　　　　　　　　　　　　　　　　56

神戸牛を食べる	60
荷物を置きっぱなしで注文に行った！	64
日本の宴席で	68
いただきます　ごちそうさま	72
都庁の食堂って入れるんだ！	76

2. 観光案内をする

相撲部屋見学	80
富士山が見えない！	84
渋谷のスクランブル交差点を上から眺めてみた	88
お寺と神社の違いは？	92
防災館に行ってみた	96
北海道でスキーを楽しむ	100
浅草観光	104
2020年東京オリンピック	108
日本人に人気のスポーツは？	112

3. 買い物をする

「音姫」って何？	116
ドラッグストアで	120
日本の茶碗	124
干支にイノシシ？	128
包装に凝るのね！	132
職人かたぎ	136

4.	交通機関を利用する
出口がわからない！	140
Suica	144
こんなふうに並ぶんだ！	148

5.	旅館に泊まる
浴衣のえりは右が下	152
玄関はなぜフラットじゃないの？	156
温泉の入り方	160

6.	日本の文化・生活に親しむ
日本で○ってどういう意味？	164
日本の女性は地味な色が好き？	168
「娘」ってそういう意味だったの！	172
なんでカラスがこんなに多いの？	176
なぜあんなに大勢の人がマスクをするの？	180
日本の病院で診てもらう	184
日本は男尊女卑？	188
店員がひざまずいてくれた！	192
漢字・ひらがな・カタカナ	196
「人に迷惑をかけない」文化も時によると	200

本書の使い方

Part1では、中国からの観光客を案内するために必要な、すぐに覚えてそのまま使えるフレーズを300表現、紹介しています。

左右のページで日本語と中国語を対照しながら例文を覚えられます。

> 日本をガイドする際に必要な、10個のシーンを厳選しました。

> ダウンロード音声の何番目のトラックに例文の音声が入っているかを示しています。
> 中国語のタイトルとフレーズを収録。男性の声と女性の声が交互に吹き込まれています。
> 音声のダウンロード方法はivページをご参照ください。

Part1 ガイドの基本フレーズ300

▷あいさつとおしゃべり

1 初めまして。今回のガイドを務める田中真由美です。

2 鈴木誠と申します。
鈴は呼び鈴の鈴、木は樹木の木、誠は誠実の誠です。

3 これから1週間皆さんのお供をさせていただきます。

4 失礼ですがどうお呼びしたらいいですか?

5 奥様のことはどうお呼びしたらいいでしょう?

6 連絡が必要な時はどなたとすればいいでしょうか?

7 これが私の名刺です。

8 ここに私の携帯番号とEメールアドレスが書いてあります。

9 何かありましたら、こちらに連絡をお願いします。

10 同じホテルに泊まっていますので、何かあったら内線電話をください。

11 どうぞ日本を楽しんでください。

12 日本は初めてですか?

▷问候与寒暄
Wènhòu yǔ hánxuān

TRACK 02

1 初次见面,我是这次为您导游的田中真由美。
Chūcì jiànmiàn, wǒ shì zhè cì wèi nín dǎoyóu de Tiánzhōng Zhēnyóuměi.

2 我叫铃木诚。铃是门铃的铃,木是树木的木,诚是诚实的诚。
Wǒ jiào Língmù Chéng. Líng shì ménlíng de líng, mù shì shùmù de mù, chéng shì chéngshí de chéng.

3 我将与各位一同度过接下来的一个星期。
Wǒ jiāng yǔ gèwèi yìtóng dùguò jiēxiàlái de yí ge xīngqī.

4 不好意思,请问您怎么称呼?
Bù hǎoyìsi, qǐngwèn nín zěnme chēnghu?

5 您的夫人怎么称呼?
Nín de fūrén zěnme chēnghu?

6 有事情需要联络的时候,我找哪位比较合适?
Yǒu shìqíng xūyào liánluò de shíhou, wǒ zhǎo nǎ wèi bǐjiào héshì?

7 这是我的名片。
Zhè shì wǒ de míngpiàn.

8 这里写着我的手机号码和邮箱地址。
Zhèlǐ xiězhe wǒ de shǒujī hàomǎ hé yóuxiāng dìzhǐ.

9 如果有什么事情请与我联系。
Rúguǒ yǒu shénme shìqíng qǐng yǔ wǒ liánxì.

10 我和各位住在同一家酒店,有事的话可以给我打内线电话。
Wǒ hé gèwèi zhùzài tóng yì jiā jiǔdiàn, yǒu shì dehuà kěyǐ gěi wǒ dǎ nèixiàn diànhuà.

11 祝大家在日本玩儿得开心。
Zhù dàjiā zài Rìběn wánrde kāixīn.

12 您是第一次来日本吗?
Nín shì dì yī cì lái Rìběn ma?

Part2では、状況別のダイアローグを収録！
全6章です。

> 登場人物が会話をしている状況を説明します。

> ダウンロード音声のトラック番号です。中国語のタイトルと中国語の会話例を収録しています。

……館に行ってみた　　TRACK 23

曹 (Cáo) さんは、地震を体験できると聞いて、防災館に行ってみることにしました。地震体験室以外にも、いろいろな災害を疑似体験できるコーナーがあり、災害に遭った時のためにとても役立ちそうな場所です。

鈴木： 首先 在 这个 屋子里 体验 震度 6 的 地震 吧。
Shǒuxiān zài zhège wūzili tǐyàn zhèndù liù de dìzhèn ba.

曹： 震度 6 是和 东 日本 大地震 时 一样, 是 吗?
Zhèndù liù shì hé Dōng Rìběn dàdìzhèn shí yíyàng, shì ma?

鈴木： 是的。 听说 当时 有的 地方 震度 达到了 7。排队 的
Shì de. Tīngshuō dāngshí yǒude dìfang zhèndù dádàole qī. Páiduì de
人 真 多 啊, 还 有 外国人 呢。
rén zhēn duō a, hái yǒu wàiguórén ne.

曹： 看来 大家 都 想 体验一下 震度 6 啊。
Kànlái dàjiā dōu xiǎng tǐyàn yíxià zhèndù liù a.

鈴木： 到 我们 了。开始 震 后 请 躲到 椅子 下, 主管 人员
Dào wǒmen le. Kāishǐ zhèn hòu qǐng duǒdào yǐzi xià, zhǔguǎn rényuán
这么 说 的。
zhème shuō de.

曹： 哇, 好摇啊! 根本 站不稳。我 好像 听到了 茶碗 或
Wā, hǎo yáo a! Gēnběn zhànbuwěn. Wǒ hǎoxiàng tīngdàole cháwǎn huò
是 玻璃 碎的 声音。
shi bōli suì de shēngyīn.

鈴木： 他们 说 那 是 录音。终于 停下来 了。我们 只 体验了 1
Tāmen shuō nà shì lùyīn. Zhōngyú tíngxiàlai le. Wǒmen zhǐ tǐyànle yì
分 多, 东 日本 大地震 时 这个 强度 震了 6 分 钟。
fēn duō, Dōng Rìběn dàdìzhèn shí zhège qiángdù zhènle liù fēn zhōng.

……震度 6 有 多 摇 我
……zhèndù liù yǒu duō yáo wǒ

> 日本人と日本にやってきた中国人とのやり取りです。中国人が日本に来た際、よく聞かれる質問や「困った！」状況など、様々なシチュエーションでの会話が収録されています。
> 「単語＆表現」と「説明のポイント」もチェック！

ix

> 「応用フレーズ」では、会話例に出てきた例文を応用したフレーズを紹介！
> 1つの例文を、いろいろアレンジして使ってみることで、中国語の表現を自分のものにしてみてください。

Part2 2. 観光案内をする

▶応用フレーズ

(1) 家屋が倒壊した場所もあったそうです。
　　听说有的地方房屋倒塌了。
　　Tīngshuō yǒu de dìfang fángwū dǎotā le.

　　昨日の夜、停電した地域もあったそうです。
　　听说昨晚有的地方停电了。
　　Tīngshuō zuówǎn yǒu de dìfang tíng diàn le.

　　風速が30メートルを超える場所もあったそうです。
　　听说有的地方风速超过了30米。
　　Tīngshuō yǒu de dìfang fēngsù chāoguòle sānshí mǐ.

(2) PM2.5がどれほど怖いのかよくわかりました。
　　PM2.5 有多可怕我算是明白了。
　　PM2.5 yǒu duō kěpà wǒ suànshì míngbai le.

　　中国で福原愛がどんなに人気があるかよくわかりました。
　　我可算明白了在中国福原爱有多受欢迎了。
　　Wǒ kě suàn míngbaile zài Zhōngguó Fúyuán Ài yǒu duō shòu huānyíng le.

　　この問題がどれほど重要かを知っていただきたい。
　　我希望你明白这问题有多重要。
　　Wǒ xīwàng nǐ míngbai zhè wèntí yǒu duō zhòngyào.

▶通訳案内のワンポイントコラム　地震が起きたら？

　日本に来たばかりの中国人はちょっとした揺れにも敏感だ。特に311以後は、少し揺れるとあの大地震の惨状が連想されるようで大騒ぎになったりする。そうした時にはぜひ適切な対応を心がけたい。
　311の日に、都庁の展望台で個人客を案内していたあるガイドは、その時のことについて「とにかくお客様に怪我がないようにと必死でした」と言う。「揺れが収まったあと無事お見送りしてほっとしましたが、その後の交通の大混乱を知って、そこまで見通して声をかけるなり、ついていくなりすべきだったと後悔しました」とのこと。この精神こそキキキにぜ ぜ々ガイドが心に刻むべきお手本だろう。

> 通訳案内や中国語学習全般に役立つワンポイント情報を掲載しています。

x

Part 1

ガイドの基本フレーズ
300

▷あいさつとおしゃべり

1　初めまして。今回のガイドを務める田中真由美です。

2　鈴木誠と申します。
　　鈴は呼び鈴の鈴、木は樹木の木、誠は誠実の誠です。

3　これから1週間皆さんのお供をさせていただきます。

4　失礼ですがどうお呼びしたらいいですか？

5　奥様のことはどうお呼びしたらいいでしょう？

6　連絡が必要な時はどなたとすればいいでしょうか？

7　これが私の名刺です。

8　ここに私の携帯番号とEメールアドレスが書いてあります。

9　何かありましたら、こちらに連絡をお願いします。

10　同じホテルに泊まっていますので、何かあったら内線電話をください。

11　どうぞ日本を楽しんでください。

12　日本は初めてですか？

▷问候与寒暄
Wènhòu yǔ hánxuān

1. 初次见面，我是这次为您导游的田中真由美。
   Chūcì jiànmiàn, wǒ shì zhè cì wèi nín dǎoyóu de Tiánzhōng Zhēnyóuměi.

2. 我叫铃木诚。铃是门铃的铃，木是树木的木，诚是诚实的诚。
   Wǒ jiào Língmù Chéng. Líng shì ménlíng de líng, mù shì shùmù de mù, chéng shì chéngshí de chéng.

3. 我将与各位一同度过接下来的一个星期。
   Wǒ jiāng yǔ gèwèi yìtóng dùguò jiēxialai de yí ge xīngqī.

4. 不好意思，请问您怎么称呼?
   Bù hǎoyìsi, qǐngwèn nín zěnme chēnghu?

5. 您的夫人怎么称呼?
   Nín de fūrén zěnme chēnghu?

6. 有事情需要联络的时候，我找哪位比较合适?
   Yǒu shìqing xūyào liánluò de shíhou, wǒ zhǎo nǎ wèi bǐjiào héshì?

7. 这是我的名片。
   Zhè shì wǒ de míngpiàn.

8. 这里写着我的手机号码和邮箱地址。
   Zhèli xiězhe wǒ de shǒujī hàomǎ hé yóuxiāng dìzhǐ.

9. 如果有什么事情请与我联系。
   Rúguǒ yǒu shénme shìqing qǐng yǔ wǒ liánxì.

10. 我和各位住在同一家酒店，有事的话可以给我打内线电话。
    Wǒ hé gèwèi zhùzài tóng yì jiā jiǔdiàn, yǒu shì dehuà kěyǐ gěi wǒ dǎ nèixiàn diànhuà.

11. 祝大家在日本玩儿得开心。
    Zhù dàjiā zài Rìběn wánrde kāixīn.

12. 您是第一次来日本吗?
    Nín shì dì yī cì lái Rìběn ma?

13 以前はいつ頃日本にいらしたんですか？

14 海外旅行はよくなさるんですか？

15 成田まで何時間くらいかかりましたか？

16 お国では今頃何度くらいですか？

17 いいお天気ですね。

18 今日の降水確率は50％だそうです。

19 天気予報によると今日は午後から晴れてくるようです。

20 明日は雨がやむといいですね。

21 傘はお持ちですか？

22 今日は皆さんのガイド役を務めさせていただき、とても楽しかったです。

23 ご満足いただけましたでしょうか？

24 機会がありましたらまたお目にかかりたいです。

25 またぜひ日本に来てくださいね。

26 日本においでの際はご連絡ください。

13 您以前什么时候来过日本？
Nín yǐqián shénme shíhou láiguo Rìběn?

14 您经常去国外旅游吗？
Nín jīngcháng qù guówài lǚyóu ma?

15 您到成田花了几个小时呢？
Nín dào Chéngtián huāle jǐ ge xiǎoshí ne?

16 在您的国家，现在气温大概有几度呢？
Zài nín de guójiā, xiànzài qìwēn dàgài yǒu jǐ dù ne?

17 天气真好呀。
Tiānqì zhēn hǎo ya.

18 今天据说有50%的可能会下雨。
Jīntiān jùshuō yǒu bǎifēnzhī wǔshí de kěnéng huì xià yǔ.

19 天气预报说，今天下午开始会转晴。
Tiānqì yùbào shuō, jīntiān xiàwǔ kāishǐ huì zhuǎn qíng.

20 明天雨能停就好了。
Míngtiān yǔ néng tíng jiù hǎo le.

21 您带伞了吗？
Nín dài sǎn le ma?

22 今天能够担任各位的导游，我感到非常的荣幸和愉快。
Jīntiān nénggòu dānrèn gèwèi de dǎoyóu, wǒ gǎndào fēicháng de róngxìng hé yúkuài.

23 您玩儿得还满意吗？
Nín wánrde hái mǎnyì ma?

24 如果有机会，希望能够再次见到您。
Rúguǒ yǒu jīhuì, xīwàng nénggòu zàicì jiàndào nín.

25 请您一定再来日本。
Qǐng nín yídìng zài lái Rìběn.

26 来日本的时候请通知我。
Lái Rìběn de shíhou qǐng tōngzhī wǒ.

27　メールアドレスを交換しましょう。

28　どうかお気をつけてお帰りください。

29　明日はお見送りができません。

30　今日ここでお別れになりますが、どうぞこのあとも良いご旅行を！

▷ツアーの計画と日程

31　九州ではどんな所を見にいきたいですか？

32　伝統的な日本と現代的な日本、どちらに興味がおありですか？

33　ぜひ行ってみたいと思っているところはどこですか？

34　温泉に行きたいですか？

35　築地を見学するなら、かなり早起きをしなくてはなりません。

36　桜を見るんでしたら、上野より千鳥ヶ淵のほうがお勧めです。

37　東京での買い物に一日取りましょうか？

38　資生堂の高級化粧品はデパートでしか売っていません。

Part1 ガイドの基本フレーズ 300

27 我们交换一下邮箱地址吧！
Wǒmen jiāohuàn yíxià yóuxiāng dìzhǐ ba!

28 请各位回去路上小心。
Qǐng gèwèi huíqu lùshang xiǎoxīn.

29 明天我没有办法送您。
Míngtiān wǒ méiyou bànfǎ sòng nín.

30 今天的行程到此结束，祝各位之后也能有一段愉快的旅程！
Jīntiān de xíngchéng dào cǐ jiéshù, zhù gèwèi zhīhòu yě néng yǒu yí duàn yúkuài de lǚchéng!

▷ 旅游线路的计划与行程
Lǚyóu xiànlù de jìhuà yǔ xíngchéng

TRACK 03

31 在九州您想去什么样的地方观光呢？
Zài Jiǔzhōu nín xiǎng qù shénme yàng de dìfang guānguāng ne?

32 您对传统的日本和现代化的日本哪个更有兴趣呢？
Nín duì chuántǒng de Rìběn hé xiàndàihuà de Rìběn nǎge gèng yǒu xìngqù ne?

33 您有哪些一定想要去的地方呢？
Nín yǒu nǎxiē yídìng xiǎng yào qù de dìfang ne?

34 您想泡温泉吗？
Nín xiǎng pào wēnquán ma?

35 要去筑地的话，就必须得早早起床。
Yào qù Zhùdì dehuà, jiù bìxū děi zǎozǎo qǐchuáng.

36 如果您想赏樱的话，比起上野，我更推荐您去千鸟之渊。
Rúguǒ nín xiǎng shǎng yīng dehuà, bǐqi Shàngyě, wǒ gèng tuījiàn nín qù Qiānniǎozhīyuān.

37 我们在东京花一天用来购物吧？
Wǒmen zài Dōngjīng huā yì tiān yònglai gòuwù ba?

38 资生堂的高级化妆品只在百货商店出售。
Zīshēngtáng de gāojí huàzhuāngpǐn zhǐ zài bǎihuò shāngdiàn chūshòu.

39 秋葉原のショッピングは3時間必要でしょう。

40 西陣織会館に行くと着物のショーが見られます。

41 お寺は中国にもありますので、お城を見にいくのはどうですか？

42 お城には昔のまま保存されているものと、近年復元されたものがあります。

43 ここを見るには事前の予約が必要です。

44 博物館は月曜日が休みのことが多いので、調べてみます。

45 今日は日曜日ですので、4時に閉まってしまいます。

46 平日に行ったほうが混みません。

47 お寺の本堂を参観する時は、靴を脱ぐ必要があります。

48 もう少しゆとりのある日程にしてはどうでしょうか？

49 帰りが早いですから、夕食までにもう一か所どこか行けます。

50 時間が余りましたので隣の植物園に行ってみませんか？

51 新幹線を使いますか？
それとも普通列車でゆっくり行きましょうか？

52 新幹線のこの区間はトンネルが多いので、景色はあまり楽しめません。

Part1 ガイドの基本フレーズ300

39 在秋叶原购物大概需要 3 个小时。
Zài Qiūyèyuán gòuwù dàgài xūyào sān ge xiǎoshí.

40 去西阵织会馆可以看到和服展。
Qù Xīzhènzhī huìguǎn kěyǐ kàndào héfúzhǎn.

41 寺院的话中国也有，不如我们去看看古城吧？
Sìyuàn dehuà Zhōngguó yě yǒu, bùrú wǒmen qù kànkan gǔchéng ba?

42 日本的古城，有的是从古代保存下来的，也有的是近年来修复还原出来的。
Rìběn de gǔchéng, yǒude shì cóng gǔdài bǎocúnxiàlai de, yě yǒude shì jìnniánlái xiūfù huányuánchūlai de.

43 要参观这里的话需要事先预约。
Yào cānguān zhèlǐ dehuà xūyào shìxiān yùyuē.

44 博物馆有不少星期一是休馆的，我来查一下。
Bówùguǎn yǒu bù shǎo xīngqīyī shì xiūguǎn de, wǒ lái chá yíxià.

45 因为今天是星期天，这里下午 4 点就会关门。
Yīnwei jīntiān shì xīngqītiān, zhèlǐ xiàwǔ sì diǎn jiù huì guānmén.

46 平日去的话人就不那么多了。
Píngrì qù dehuà rén jiù bú nàme duō le.

47 在参观寺院的本堂时，需要脱掉鞋子。
Zài cānguān sìyuàn de běntáng shí, xūyào tuōdiào xiézi.

48 要不要把日程安排得更宽松一点?
Yào bu yào bǎ rìchéng ānpáide gèng kuānsōng yìdiǎn?

49 我们回程时间比较早，因此在晚饭之前还能再去一个地方。
Wǒmen huíchéng shíjiān bǐjiào zǎo, yīncǐ zài wǎnfàn zhīqián hái néng zài qù yí ge dìfang.

50 还有些时间，要不要去一下边上的植物园呢？
Hái yǒu xiē shíjiān, yào bu yào qù yíxià biānshàng de zhíwùyuán ne?

51 我们是乘新干线去还是乘普通列车慢慢地去呢？
Wǒmen shì chéng xīngànxiàn qù háishi chéng pǔtōng lièchē mànmān de qù ne?

52 新干线在这段路上要穿过不少的隧道，所以不能好好的欣赏风景。
Xīngànxiàn zài zhè duàn lùshang yào chuānguò bù shǎo de suìdào, suǒyǐ bù néng hǎohāo de xīnshǎng fēngjǐng.

53 夜行バスを使うと翌日はまる一日楽しめます。

54 電車ですと乗り換えが多いので、車をチャーターしましょう。

55 天気が悪いので富士登山はキャンセルになりました。

56 富士山に登るにはある程度の装備が必要です。

57 京都はできたら2日は滞在したいですね。

58 ナイトツアーに参加しますと帰りは10時になります。

59 夜景を巡るバスもあります。

60 このパンフレットは中国語で書かれています。

▶ 見学地での誘導

61 貴重品はお持ちくださいね。

62 大きな荷物は置いていって大丈夫です。

63 トイレはここで済ましておいた方がいいです。

64 次にトイレのある場所に着くのは2時間後です。

Part1 ガイドの基本フレーズ 300

53 如果乘坐夜行巴士的话第二天可以玩儿一整天。
Rúguǒ chéngzuò yèxíng bāshì dehuà dì èr tiān kěyǐ wánr yì zhěng tiān.

54 乘电车的话要换乘很多次，所以我们包车去吧。
Chéng diànchē dehuà yào huànchéng hěn duō cì, suǒyǐ wǒmen bāochē qù ba.

55 由于天气原因，我们只能取消登富士山之行了。
Yóuyú tiānqì yuányīn, wǒmen zhǐ néng qǔxiāo dēng Fùshìshān zhī xíng le.

56 登富士山需要一定的装备。
Dēng Fùshìshān xūyào yídìng de zhuāngbèi.

57 如果有可能的话，希望能在京都呆上两天。
Rúguǒ yǒu kěnéng dehuà, xīwàng néng zài Jīngdū dāishang liǎng tiān.

58 如果参加夜游线路的话，晚上 10 点才能回去。
Rúguǒ cānjiā yèyóu xiànlù dehuà, wǎnshang shí diǎn cái néng huíqu.

59 有可以欣赏夜景的巴士供您乘坐。
Yǒu kěyǐ xīnshǎng yèjǐng de bāshì gōng nín chéngzuò.

60 这个小册子是用中文写的。
Zhège xiǎocèzi shì yòng Zhōngwén xiě de.

▷ 在参观地的指引
Zài cānguāndì de zhǐyǐn

TRACK 04

61 请您保管好贵重物品。
Qǐng nín bǎoguǎnhǎo guìzhòng wùpǐn.

62 比较大的行李就可以放在这里。
Bǐjiào dà de xíngli jiù kěyǐ fàngzài zhèli.

63 各位最好在这里去一下厕所。
Gèwèi zuìhǎo zài zhèli qù yíxià cèsuǒ.

64 要过 2 个小时才能到下一个有厕所的地方。
Yào guò liǎng ge xiǎoshí cái néng dào xià yí ge yǒu cèsuǒ de dìfang.

65　2時までに戻ってきてください。

66　この旗を目印にしてください。

67　混雑していますので、私から離れないでください。

68　ここで説明します。

69　ではこの後は自由時間です。

70　入場料は大人500円、13歳未満の子供は200円です。

71　この道をまっすぐ行きますと皇居です。

72　中は広いですから、まず時計回りで見ていきましょう。

73　ここは逆時計回りで行きましょう。

74　回転ドアはお一人ずつ入ってください。

75　皆さんバッジをおつけください。

76　このバッジが入場券の代わりになります。

77　私は最後尾を歩いておりますので、
　　トイレに行くときは声をおかけください。

78　脱いだ靴はビニール袋に入れて各自お持ちください。

Part1 ガイドの基本フレーズ 300

65 请在两点前回来。
Qǐng zài liǎng diǎn qián huílai.

66 请以这面旗子为标志。
Qǐng yǐ zhè miàn qízi wéi biāozhì.

67 现在人很多，请大家跟紧。
Xiànzài rén hěn duō, qǐng dàjiā gēnjǐn.

68 我来介绍一下。
Wǒ lái jièshào yíxià.

69 接下来是自由活动时间。
Jiēxialai shì zìyóu huódòng shíjiān.

70 门票成人 500 日元，不满 13 岁的儿童 200 日元。
Ménpiào chéngrén wǔbǎi rìyuán, bù mǎn shísān suì de értóng èrbǎi rìyuán.

71 沿着这条路一直走就是皇居了。
Yánzhe zhè tiáo lù yìzhí zǒu jiù shì Huángjū le.

72 这里面很大，我们按照顺时针的方向来参观吧。
Zhè lǐmiàn hěn dà, wǒmen ànzhào shùnshízhēn de fāngxiàng lái cānguān ba.

73 这里我们逆时针走吧。
Zhèlǐ wǒmen nìshízhēn zǒu ba.

74 进旋转门的时候，请一个一个的来。
Jìn xuánzhuǎnmén de shíhou, qǐng yí ge yí ge de lái.

75 请大家戴上徽章。
Qǐng dàjiā dàishang huīzhāng.

76 这个徽章就是大家的门票。
Zhège huīzhāng jiù shì dàjiā de ménpiào.

77 我会走在最后面，去厕所的时候请和我说一声。
Wǒ huì zǒuzài zuì hòumiàn, qù cèsuǒ de shíhou qǐng hé wǒ shuō yì shēng.

78 脱下的鞋子请放在塑料袋里各自拿好。
Tuōxia de xiézi qǐng fàngzài sùliàodàili gèzì náhǎo.

13

79 ここで記念撮影をしましょう。

80 ここは写真を撮るのに最適な場所ですね。

81 この中は撮影禁止です。

82 ここではフラッシュをたいてはいけません。

83 矢印の方向が順路です。

84 あと10分で閉館です。

85 人数の確認をさせてください。

86 まだ戻ってきていない方はどなたかわかりますか？

87 このイヤフォンレシーバーを持っていると中国語で説明が聞けます。

88 イヤフォンレシーバーを借りるには、1000円のデポジットが必要です。

89 バスは集合時間にまたここに戻ってきます。

90 皆さんお疲れのようですので、美術館はやめて早めに帰りましょうか。

Part1 ガイドの基本フレーズ 300

79 我们在这儿拍张纪念照吧!
Wǒmen zài zhèr pāi zhāng jìniànzhào ba!

80 这里是最适合拍照的地方。
Zhèli shì zuì shìhé pāizhào de dìfang.

81 这里面是禁止拍照的。
Zhè lǐmiàn shì jìnzhǐ pāizhào de.

82 这里不能开闪光灯。
Zhèli bù néng kāi shǎnguāngdēng.

83 按照箭头走就是正确的参观路线。
Ànzhào jiàntóu zǒu jiù shì zhèngquè de cānguān lùxiàn.

84 再过 10 分钟就要闭馆了。
Zài guò shí fēn zhōng jiù yào bìguǎn le.

85 我来清点一下人数。
Wǒ lái qīngdiǎn yíxià rénshù.

86 请问有哪位知道还有谁没回来的吗?
Qǐngwèn yǒu nǎ wèi zhīdao hái yǒu shéi méi huílai de ma?

87 戴着这个耳机接收器就能听到中文介绍。
Dàizhe zhège ěrjī jiēshōuqì jiù néng tīngdào Zhōngwén jièshào.

88 要借耳机接收器的话，需要 1 千日元的押金。
Yào jiè ěrjī jiēshōuqì dehuà, xūyào yìqiān rìyuán de yājīn.

89 我们的大巴会在集合时间回到这里。
Wǒmen de dàbā huì zài jíhé shíjiān huídào zhèli.

90 看大家都很累了，我们要不不去美术馆了，早点儿回去吧?
Kàn dàjiā dōu hěn lèi le, wǒmen yàobù bú qù měishùguǎn le, zǎo diǎnr huíqu ba?

▷見どころの説明

91　正面にスカイツリーが見えてきました。

92　左手に見えますのが皇居前広場です。

93　右手一帯は大手町のビル街です。

94　これは東京の新しい風物詩となっております。

95　棚田は日本の原風景です。

96　この建物は昔の面影をそのまま残しています。

97　東京ドームは1988年に総工費350億円をかけて建設されました。

98　ここは桜の名所として有名です。

99　この建物はこの辺一帯のランドマークです。

100　この神社は国の重要文化財に指定されています。

101　金閣寺は1950年に全焼したあと再建されました。

102　この仏像を誰が作ったかは不明です。

看点介绍
Kàndiǎn jièshào

91 在您正前方可以看到东京晴空塔。
Zài nín zhèng qiánfāng kěyǐ kàndào Dōngjīng qíngkōngtǎ.

92 在您左手边的是皇居前广场。
Zài nín zuǒshǒubiān de shì Huángjūqián guǎngchǎng.

93 您的右手边一带是大手町的高层建筑街。
Nín de yòushǒubiān yídài shì Dàshǒudīng de gāocéng jiànzhùjiē.

94 这成为了东京的新风光。
Zhè chéngwéile Dōngjīng de xīn fēngguāng.

95 梯田是日本传统的风景。
Tītián shì Rìběn chuántǒng de fēngjǐng.

96 这个建筑物过去的风貌还清晰可见。
Zhège jiànzhùwù guòqù de fēngmào hái qīngxī kějiàn.

97 东京巨蛋是在1988年花费了350亿日元建造出来的。
Dōngjīng jùdàn shì zài yījiǔbābā nián huāfèile sānbǎi wǔshí yì rìyuán jiànzàochulai de.

98 这里是有名的赏樱胜地。
Zhèlǐ shì yǒumíng de shǎng yīng shèngdì.

99 这是这一带的标志性建筑。
Zhè shì zhè yídài de biāozhìxìng jiànzhù.

100 这个神社被认定为国家重要文物。
Zhège shénshè bèi rèndìngwéi guójiā zhòngyào wénwù.

101 金阁寺于1950年被焚毁后重建。
Jīngésì yú yījiǔwǔlíng nián bèi fénhuǐ hòu chóngjiàn.

102 这座佛像的制作人不明。
Zhè zuò fóxiàng de zhìzuòrén bù míng.

103 ここを見ると当時の江戸庶民がどんな暮らしをしていたかわかります。

104 この廊下は歩くと不思議な音がする仕掛けになっています。

105 ここでは友禅染ができるまでの全工程が見学できます。

106 俳人の芭蕉はここで有名な俳句を詠みました。

107 この公園は日本三名園の一つです。

108 このお寺は中国から僧侶を招いて創建されました。

109 東照宮は徳川家康が祭神として祀られています。

110 この杉並木は特別天然記念物です。

111 これは後に東照宮に寄進されました。

112 ここでは白鳥の餌付けを行っています。

113 この場所は幽霊が出ると言われています。

114 ここは今改装工事をしています。

115 このお祭りでやる踊りには見物客も参加できるそうです。

116 創建当時の建物は明治の初めに焼けてしまいました。

Part1 ガイドの基本フレーズ300

103 从这里可以看出当时的江户老百姓们过着怎样的生活。
Cóng zhèli kěyǐ kànchu dāngshí de Jiānghù lǎobǎixìngmen guòzhe zěnyàng de shēnghuó.

104 这条走廊设计奇特，从这里走过时会听到不可思议的声音。
Zhè tiáo zǒuláng shèjì qítè, cóng zhèli zǒuguò shí huì tīngdào bù kě sī yì de shēngyīn.

105 在这里可以参观到友禅染制作的全过程。
Zài zhèli kěyǐ cānguāndào yǒuchánrǎn zhìzuò de quán guòchéng.

106 俳句诗人芭蕉在这里作了有名的俳句。
Páijù shīrén Bājiāo zài zhèli zuòle yǒumíng de páijù.

107 这座公园是日本三大著名庭园之一。
Zhè zuò gōngyuán shì Rìběn sān dà zhùmíng tíngyuán zhī yī.

108 这座寺院是由从中国邀请的僧侣来日本后创建的。
Zhè zuò sìyuàn shì yóu cóng Zhōngguó yāoqǐng de sēnglǚ lái Rìběn hòu chuàngjiàn de.

109 东照宫是用于祭祀德川家康的。
Dōngzhàogōng shì yòngyú jìsì Déchuān Jiākāng de.

110 这沿街的杉树是特别自然遗产。
Zhè yánjiē de shānshù shì tèbié zìrán yíchǎn.

111 这后来被捐赠给了东照宫。
Zhè hòulái bèi juānzènggěile Dōngzhàogōng.

112 在这里喂养天鹅。
Zài zhèli wèiyǎng tiān'é.

113 据说这里会有幽灵出没。
Jùshuō zhèli huì yǒu yōulíng chūmò.

114 这里现在在进行翻新施工。
Zhèli xiànzài zài jìnxíng fānxīn shīgōng.

115 听说这个节日游客也可以参加。
Tīngshuō zhège jiérì yóukè yě kěyǐ cānjiā.

116 创建时的建筑已于明治初期烧毁。
Chuàngjiàn shí de jiànzhù yǐ yú Míngzhì chūqī shāohuǐ.

117　ひしゃくから直接水を飲むことはできません。

118　神社を参拝する時は、まず鈴を鳴らし賽銭を入れ、
　　それから二拝二拍手一拝です。

119　お線香の煙を体につけると無病息災でいられるそうです。

120　凶のおみくじを引いた時はあの木の枝に結びつけるといいですよ。

▷提案する、注意する

121　ここは先着順です。

122　列に並んで待ちましょう。

123　番号札を取ってお待ちください。

124　正座が辛ければあぐらでも大丈夫です。

125　どうぞ足をくずしてください。

126　禁煙席と喫煙席どちらがいいですか？

127　タバコはあそこの喫煙所で吸うことができます。

128　フロントで聞いてみましょう。

117 不可以用长柄杓子直接饮水。
Bù kěyǐ yòng chángbǐng sháozi zhíjiē yǐn shuǐ.

118 参拜神社时首先要摇铃,再向善款箱里放钱,然后鞠躬两次,击掌两次再鞠躬一次。
Cānbài shénshè shí shǒuxiān yào yáo líng, zài xiàng shànkuǎnxiāngli fàng qián, ránhòu jūgōng liǎng cì, jīzhǎng liǎng cì zài jūgōng yí cì.

119 据说身体上沾上线香的烟就能无病消灾。
Jùshuō shēntǐshang zhānshang xiànxiāng de yān jiù néng wú bìng xiāo zāi.

120 抽签抽到凶的时候,就把签系在那棵树的树枝上就好了。
Chōuqiān chōudào xiōng de shíhou, jiù bǎ qiān jìzài nà kē shù de shùzhīshang jiù hǎo le.

▶提议、提醒
Tíyì、tíxǐng

TRACK 06

121 这里以到达先后为序。
Zhèli yǐ dàodá xiānhòu wéi xù.

122 排队等吧。
Páiduì děng ba.

123 请拿号等候。
Qǐng ná hào děnghòu.

124 不习惯跪着坐的话,也可以盘腿坐。
Bù xíguàn guìzhe zuò dehuà, yě kěyǐ pántuǐ zuò.

125 就坐姿势请随意。
Jiùzuò zīshì qǐng suíyì.

126 您希望在无烟区还是吸烟区呢?
Nín xīwàng zài wúyānqū háishi xīyānqū ne?

127 在那边的吸烟区可以吸烟。
Zài nàbiān de xīyānqū kěyǐ xīyān.

128 到前台问一下吧。
Dào qiántái wèn yíxià ba.

129 では夕方6時にエレベーターの前で集まりましょう。

130 お忘れ物のないようにお願いします。

131 足元が暗いですからどうぞお気をつけて。

132 この道は滑りやすいので、気をつけてください。

133 天気予報は午後から雨ですから、傘を持っていきましょう。

134 今日は上着を持っていったほうがいいです。

135 温度差が激しいので、脱ぎ着のしやすい服がいいと思います。

136 この道は駐車できませんので、車は別の場所に駐車します。

137 バスから降りる場所と乗る場所が違いますので気をつけてください。

138 記念に似顔絵を描いてもらってはどうですか？

139 タトゥーを入れた方は温泉に入れないんです。

140 温泉の湯船にタオルを入れないようお願いします。

141 トイレットペーパーは便器に流してしまって大丈夫です。

142 お疲れでしょうから、眠い方はどうぞお休みください。

Part1 ガイドの基本フレーズ300

129 那么晚上6点在电梯前集合吧。
Nàme wǎnshang liù diǎn zài diàntī qián jíhé ba.

130 请注意不要忘东西。
Qǐng zhùyì búyào wàng dōngxi.

131 周围昏暗,请注意脚下。
Zhōuwéi hūn'àn, qǐng zhùyì jiǎoxià.

132 这条路非常滑,请小心。
Zhè tiáo lù fēicháng huá, qǐng xiǎoxīn.

133 天气预报说下午开始下雨,所以拿上伞吧。
Tiānqì yùbào shuō xiàwǔ kāishǐ xià yǔ, suǒyǐ náshang sǎn ba.

134 今天带着上衣比较好。
Jīntiān dàizhe shàngyī bǐjiào hǎo.

135 温差大,所以我想最好穿方便穿脱的衣服。
Wēnchā dà, suǒyǐ wǒ xiǎng zuìhǎo chuān fāngbiàn chuān tuō de yīfu.

136 这条路不能停车,所以把车停到其他地方。
Zhè tiáo lù bù néng tíngchē, suǒyǐ bǎ chē tíngdào qítā dìfang.

137 请注意大巴的下车站和上车站地点不同。
Qǐng zhùyì dàbā de xiàchēzhàn hé shàngchēzhàn dìdiǎn bù tóng.

138 你们去画肖像画做纪念怎么样?
Nǐmen qù huà xiàoxiànghuà zuò jìniàn zěnmeyàng?

139 有纹身的人不能泡温泉。
Yǒu wénshēn de rén bù néng pào wēnquán.

140 请不要将毛巾放入温泉的浴池内。
Qǐng búyào jiāng máojīn fàngrù wēnquán de yùchí nèi.

141 可以将卫生纸扔到马桶里冲走。
Kěyǐ jiāng wèishēngzhǐ rēngdào mǎtǒngli chōngzǒu.

142 想必各位已经很累了,如果困的话请稍做休息。
Xiǎngbì gèwèi yǐjīng hěn lèi le, rúguǒ kùn dehuà qǐng shāo zuò xiūxi.

143　ホテルの飲み物は高いので自販機で買いましょう。

144　足裏マッサージは30分4500円です。

145　この階にはエステサロンもあります。

146　水道のお水はそのまま飲めます。

147　見てください、トンビがたくさん飛んでいるでしょう。

148　トンビは皆さんが持っている食べ物を狙っているんですよ。

149　サルに出くわしたら目を見てはいけません。とびかかってきます。

150　客引きは違法ですから、ついていかないでください。

▷盗難や病気について

151　パスポートやお財布などには注意してください。

152　この辺は夜一人で歩かないほうがいいです。

153　目つきの悪い人がいますから移動しましょう。

154　何かなくなったんですか？

Part1 ガイドの基本フレーズ 300

143 酒店里的饮料很贵，所以在自动售货机买吧。
Jiǔdiànli de yǐnliào hěn guì, suǒyǐ zài zìdòng shòuhuòjī mǎi ba.

144 足底按摩 30 分钟 4500 日元。
Zúdǐ ànmó sānshí fēn zhōng sìqiānwǔbǎi rìyuán.

145 这一层也有美容沙龙。
Zhè yì céng yě yǒu měiróng shālóng.

146 自来水管的水可以直接饮用。
Zìláishuǐguǎn de shuǐ kěyǐ zhíjiē yǐnyòng.

147 请看，有很多老鹰在飞。
Qǐng kàn, yǒu hěn duō lǎoyīng zài fēi.

148 老鹰在瞄准各位手中拿的食物呢。
Lǎoyīng zài miáozhǔn gèwèi shǒu zhōng ná de shíwù ne.

149 偶然遇到猴子的话绝对不要看它的眼睛，会扑上来。
Ǒurán yùdào hóuzi dehuà juéduì búyào kàn tā de yǎnjing, huì pūshanglai.

150 拉客是违法的，所以请不要跟他走。
Lākè shì wéifǎ de, suǒyǐ qǐng búyào gēn tā zǒu.

▶ 失窃与疾病
Shīqiè yǔ jíbìng

TRACK 07

151 请看好护照和钱包等物品。
Qǐng kānhǎo hùzhào hé qiánbāo děng wùpǐn.

152 晚上最好不要在这一带单独行走。
Wǎnshang zuìhǎo búyào zài zhè yídài dāndú xíngzǒu.

153 这里有的人目光凶恶，我们快走吧。
Zhèli yǒu de rén mùguāng xiōng'è, wǒmen kuài zǒu ba.

154 丢了什么东西吗？
Diūle shénme dōngxi ma?

155 何を盗まれましたか？

156 どこでなくしたか覚えていますか？

157 財布にはいくら入っていましたか？

158 どんな色のバッグですか？

159 なくし物をしたことをホテルに伝えておきましょう。

160 タクシーに置き忘れたんですね？

161 電車の網棚に置き忘れたんですか？

162 車に酔いやすい方はいらっしゃいますか？

163 前の座席に座ったほうがいいでしょう。

164 少し外の空気を吸いましょう。

165 食べ物に何かアレルギーはありますか？

166 薬はお持ちですか？

167 持病はおありですか？

168 食後に2錠飲むように書いてあります。

155 什么东西被偷了?
Shénme dōngxi bèi tōu le?

156 还记得是在哪里丢的吗?
Hái jìde shì zài nǎli diū de ma?

157 钱包里放了多少钱呢?
Qiánbāoli fàngle duōshao qián ne?

158 什么颜色的包呢?
Shénme yánsè de bāo ne?

159 告诉酒店有东西丢失了吧。
Gàosu jiǔdiàn yǒu dōngxi diūshī le ba.

160 是忘在出租车上了,对吧?
Shì wàngzài chūzūchēshang le, duì ba?

161 忘在电车的行李架上了,是吗?
Wàngzài diànchē de xínglijiàshang le, shì ma?

162 有没有人容易晕车?
Yǒu méiyou rén róngyì yùnchē?

163 最好坐在前面的位置吧。
Zuìhǎo zuòzài qiánmiàn de wèizhì ba.

164 稍微呼吸一下外面的空气吧。
Shāowēi hūxī yíxià wàimiàn de kōngqì ba.

165 食物中有什么东西过敏吗?
Shíwù zhōng yǒu shénme dōngxi guòmǐn ma?

166 带药了吗?
Dài yào le ma?

167 有什么老毛病吗?
Yǒu shénme lǎomáobing ma?

168 上面写着饭后吃两片。
Shàngmiàn xiězhe fàn hòu chī liǎng piàn.

169 ばんそうこうを持っていますよ。

170 涼しい場所で少し休みましょう。

171 病院に行きましょうか？

172 保険に入っていますか？

173 どの辺が痛むんですか？

174 歩けますか？

175 私の肩につかまってください。

176 この袋に吐いてしまってください。

177 熱があるようですね。

178 そばにいますから大丈夫ですよ。

179 もうすぐお医者さんが来てくれます。

180 救急車を呼びました。

169 我有邦迪创可贴。
Wǒ yǒu bāngdí chuāngkětiē.

170 到凉快的地方稍微休息一下吧。
Dào liángkuai de dìfang shāowēi xiūxi yíxià ba.

171 去医院吧?
Qù yīyuàn ba?

172 加入保险了吗?
Jiārù bǎoxiǎn le ma?

173 哪里痛呢?
Nǎli tòng ne?

174 能走吗?
Néng zǒu ma?

175 请抓好我的肩膀。
Qǐng zhuāhǎo wǒ de jiānbǎng.

176 请吐在这个袋子里。
Qǐng tùzài zhège dàizili.

177 好像发烧了啊。
Hǎoxiàng fāshāo le a.

178 我在这里呢，不要担心。
Wǒ zài zhèli ne, búyào dānxīn.

179 医生马上就来了。
Yīshēng mǎshàng jiù lái le.

180 已经叫了救护车。
Yǐjīng jiàole jiùhùchē.

▷買い物について

181 では買い物の時間は1時間です。

182 3時にまたこの場所にお戻りください。

183 ショッピングにはどのくらいの時間が必要ですか？

184 私も買い物にお付き合いしましょうか？

185 それでは私は1階の入リロで待っています。

186 このお店なら値引き交渉ができます。

187 あともう一つ買うとくじ引きができます。

188 3つ買うと、2つ分の値段にしてくれるそうです。

189 これは試供品です。

190 ポイントをためく次に来日される時に使ってはどうですか？

191 どんなおみやげを買いたいですか？

192 サイズは大丈夫ですか？

购物
Gòuwù

181 那么有 1 个小时的购物时间。
Nàme yǒu yí ge xiǎoshí de gòuwù shíjiān.

182 请在 3 点回到这里。
Qǐng zài sān diǎn huídào zhèli.

183 购物需要多长时间呢?
Gòuwù xūyào duō cháng shíjiān ne?

184 我也来陪你买东西吧?
Wǒ yě lái péi nǐ mǎi dōngxi ba?

185 那我在一楼入口处等你。
Nà wǒ zài yī lóu rùkǒuchù děng nǐ.

186 这家店可以砍价。
Zhè jiā diàn kěyǐ kǎnjià.

187 再买一个的话就可以抽奖。
Zài mǎi yí ge dehuà jiù kěyǐ chōujiǎng.

188 听说买三个的话按照两个的价钱计算。
Tīngshuō mǎi sān ge dehuà ànzhào liǎng ge de jiàqián jìsuàn.

189 这是试用品。
Zhè shì shìyòngpǐn.

190 积分后下次来日本时使用怎么样呢?
Jīfēn hòu xià cì lái Rìběn shí shǐyòng zěnmeyàng ne?

191 想买什么特产呢?
Xiǎng mǎi shénme tèchǎn ne?

192 大小合适吗?
Dàxiǎo héshì ma?

193　どのサイズをお探しですか？

194　Lサイズは売り切れのようです。

195　これより一回り小さいサイズもあるそうです。

196　試着してみますか？

197　試着室には3着まで持ち込めます。

198　とてもよくお似合いです。

199　同じタイプで赤もあるそうです。

200　このお店は主に高級品を扱っています。

201　海外のブランド品でしたら6階です。

202　このお菓子は日持ちしません。

203　日本の果物を持ち帰れるかどうかは調べなくてはなりません。

204　この家電は中国仕様になっています。

205　これは100ボルト仕様なので中国では使えません。

206　使い方がここに書いてあります。

Part1 ガイドの基本フレーズ300

193 您想要什么号的呢?
Nín xiǎng yào shénme hào de ne?

194 大号的好像已经卖光了。
Dàhào de hǎoxiàng yǐjīng màiguāng le.

195 听说有比这个小一号的。
Tīngshuō yǒu bǐ zhège xiǎo yí hào de.

196 要不要试穿一下呢?
Yào bu yào shìchuān yíxià ne?

197 最多可以拿3件衣服进试衣间。
Zuì duō kěyǐ ná sān jiàn yīfu jìn shìyījiān.

198 非常适合您。
Fēicháng shìhé nín.

199 听说同一款式还有红色的。
Tīngshuō tóngyī kuǎnshì hái yǒu hóngsè de.

200 这家店主要经营高端商品。
Zhè jiā diàn zhǔyào jīngyíng gāoduān shāngpǐn.

201 海外名牌在6层。
Hǎiwài míngpái zài liù céng.

202 这种点心不宜久放。
Zhè zhǒng diǎnxin bù yí jiǔ fàng.

203 必须查查能不能把日本的水果带回去。
Bìxū chácha néng bu néng bǎ Rìběn de shuǐguǒ dàihuiqu.

204 这款家电是面向中国设计的。
Zhè kuǎn jiādiàn shì miànxiàng Zhōngguó shèjì de.

205 这款是100伏电压的，不能在中国使用。
Zhè kuǎn shì yìbǎi fú diànyā de, bù néng zài Zhōngguó shǐyòng.

206 使用方法写在这边。
Shǐyòng fāngfǎ xiězài zhèbiān.

207 これは1万円札、これは5千円札です。

208 穴の開いたコインは5円か50円です。

209 免税品を買うにはパスポートが必要です。

210 今日のレートはあそこに書いてあります。

▷食べ物や飲み物について

211 日本で食べてみたいものは何ですか？

212 何か食べられないものはありますか？

213 日本食は初めてですか？

214 生ものは食べられますか？

215 ベジタリアンですか？

216 お昼はラーメンにしましょうか？

217 ここのラーメンはスープのだしがきいていておいしいです。

218 冷たい飲み物は大丈夫ですか？

207 这是 1 万日元，这是 5 千日元。
Zhè shì yí wàn rìyuán, zhè shì wǔqiān rìyuán.

208 有孔的硬币是 5 日元和 50 日元。
Yǒu kǒng de yìngbì shì wǔ rìyuán hé wǔshí rìyuán.

209 买免税商品时需要有护照。
Mǎi miǎnshuì shāngpǐn shí xūyào yǒu hùzhào.

210 今天的汇率写在那边。
Jīntiān de huìlǜ xiězài nàbiān.

▷ 关于饮食
Guānyú yǐnshí

TRACK 09

211 在日本有想吃吃看的东西吗？
Zài Rìběn yǒu xiǎng chīchī kàn de dōngxi ma?

212 有忌口的东西吗？
Yǒu jìkǒu de dōngxi ma?

213 第一次吃日本菜吗？
Dì yī cì chī Rìběn cài ma?

214 可以吃生的吗？
Kěyǐ chī shēng de ma?

215 你是素食主义者吗？
Nǐ shì sùshí zhǔyìzhě ma?

216 午饭吃拉面怎么样？
Wǔfàn chī lāmiàn zěnmeyàng?

217 这里的拉面汤里的汤汁非常鲜美。
Zhèli de lāmiàntāngli de tāngzhī fēicháng xiānměi.

218 能喝冷的东西吗？
Néng hē lěng de dōngxi ma?

219 熱いお茶をもらいましょう。

220 おしぼりをどうぞ。

221 お口に合わない時は遠慮なく残してくださいね。

222 乾杯のお酒は何がいいですか？

223 お酒はお飲みになれますか？

224 ここはコーヒーのお替わりは自由です。

225 コーヒーに砂糖とミルクを入れますか？

226 紅茶はアイスとホット、どちらにしますか？

227 ドリンクバーで飲み物を取ってきましょう。

228 これはセットメニューの表です。

229 ご飯のお替わりは自由です。

230 このお店は一人3千円で食べ放題です。

231 新しいお箸を持ってきてもらいましょう。

232 量は足りますか？

219 叫一杯热茶吧。
Jiào yì bēi rè chá ba.

220 请用湿毛巾。
Qǐng yòng shīmáojīn.

221 不合您口味的话，剩下也没关系的。
Bù hé nín kǒuwèi dehuà, shèngxià yě méi guānxi de.

222 干杯时想喝什么酒呢？
Gānbēi shí xiǎng hē shénme jiǔ ne?

223 您会喝酒吗？
Nín huì hē jiǔ ma?

224 这里的咖啡是免费续杯的。
Zhèli de kāfēi shì miǎnfèi xù bēi de.

225 咖啡里要放糖和奶吗？
Kāfēili yào fàng táng hé nǎi ma?

226 红茶您要冰的还是热的？
Hóngchá nín yào bīng de háishi rè de?

227 我们去饮料吧取喝的吧。
Wǒmen qù yǐnliàobā qǔ hē de ba.

228 这是套餐菜谱。
Zhè shì tàocān càipǔ.

229 米饭吃多少都可以。
Mǐfàn chī duōshao dōu kěyǐ.

230 这家店是一个人3千日元的自助餐。
Zhè jiā diàn shì yí ge rén sānqiān rìyuán de zìzhùcān.

231 我让他们拿一双新筷子过来吧。
Wǒ ràng tāmen ná yì shuāng xīn kuàizi guòlai ba.

232 点这些够吃吗？
Diǎn zhèxiē gòu chī ma?

233　もう一品頼みましょう。

234　何品か取って皆で分けて食べましょう。

235　取り箸をもらいましょうか？

236　取り皿を持ってきてもらいましょう。

237　食後に杏仁豆腐などデザートが出ます。

238　懐石料理では最後にご飯とお味噌汁などが出ます。

239　メイン料理は肉と魚、どちらにしましょうか？

240　ラストオーダーだそうです。

▷乗り物の案内

241　ここからホテルまではリムジンで向かいます。

242　では駐車場まで歩いていきましょう。

243　ちょうど夕方のラッシュにぶつかってしまいました。

244　ラッシュなので予定より時間がかかってしまうかもしれません。

233 再点一道菜吧。
Zài diǎn yí dào cài ba.

234 点几道菜，然后大家一起吃。
Diǎn jǐ dào cài, ránhòu dàjiā yìqǐ chī.

235 再要一双分菜用的筷子吧。
Zài yào yì shuāng fēncàiyòng de kuàizi ba.

236 要几个分菜的碟子吧。
Yào jǐ ge fēncài de diézi ba.

237 饭后会有杏仁豆腐等点心。
Fàn hòu huì yǒu xìngrén dòufu děng diǎnxin.

238 怀石料理最后会上米饭和酱汤等。
Huáishí liàolǐ zuìhòu huì shàng mǐfàn hé jiàngtāng děng.

239 主菜要肉还是鱼呢？
Zhǔcài yào ròu háishi yú ne?

240 店员说到最终点单时间了。
Diànyuán shuō dào zuìzhōng diǎndān shíjiān le.

▷交通工具向导
Jiāotōng gōngjù xiàngdǎo

TRACK 10

241 从这里坐机场巴士前往酒店。
Cóng zhèli zuò jīchǎng bāshì qiánwǎng jiǔdiàn.

242 那我们走着去停车场吧。
Nà wǒmen zǒuzhe qù tíngchēchǎng ba.

243 刚好碰上傍晚的行车高峰。
Gānghǎo pèngshang bàngwǎn de xíngchē gāofēng.

244 遇到行车高峰，可能比预定时间要晚到。
Yùdào xíngchē gāofēng, kěnéng bǐ yùdìng shíjiān yào wǎn dào.

245 前方で事故が起きたようです。

246 これから特急電車で都心に向かいますが、乗り場は空港地下です。

247 信号の故障でしばらく電車は止まります。

248 台風で新幹線が止まってしまいました。

249 特急券は払い戻してもらえます。

250 ジャパンレールパスを使えば安く乗り物を利用できます。

251 御茶ノ水駅までは170円です。

252 お金をここに入れて、このボタンを押してください。

253 予定の場所を乗り越してしまったので、ここで切符の精算をしましょう。

254 発車まであと10分あります。

255 トイレは隣の車両です。

256 この列車にはトイレはついていません。

257 車掌さんが来たら切符を見せてください。

258 目的地まで5駅あります。

245 前方似乎发生了交通事故。
Qiánfāng sìhū fāshēngle jiāotōng shìgù.

246 从这里坐特快电车前往市中心，在机场地下乘车。
Cóng zhèli zuò tèkuài diànchē qiánwǎng shì zhōngxīn, zài jīchǎng dìxià chéng chē.

247 信号发生了故障，电车要停一会儿。
Xìnhào fāshēngle gùzhàng, diànchē yào tíng yíhuìr.

248 因为台风，新干线停运了。
Yīnwei táifēng, xīngànxiàn tíngyùn le.

249 特快券可以退。
Tèkuàiquàn kěyǐ tuì.

250 用日本铁路周游券乘车比较便宜。
Yòng Rìběn tiělù zhōuyóuquàn chéng chē bǐjiào piányi.

251 到御茶水站是170日元。
Dào Yùcháshuǐzhàn shì yìbǎi qīshí rìyuán.

252 把钱放入这里，然后按这个按钮。
Bǎ qián fàngrù zhèli, ránhòu àn zhège ànniǔ.

253 坐过了预定的车站，在这里结算乘车费吧。
Zuòguòle yùdìng de chēzhàn, zài zhèli jiésuàn chéngchēfèi ba.

254 离发车还有10分钟。
Lí fāchē hái yǒu shí fēn zhōng.

255 厕所在旁边的车厢。
Cèsuǒ zài pángbiān de chēxiāng.

256 这节车厢里没有厕所。
Zhè jié chēxiānglǐ méiyou cèsuǒ.

257 乘务员过来的话，把票给他看一下。
Chéngwùyuán guòlai dehuà, bǎ piào gěi tā kàn yíxià.

258 离目的地还有5站。
Lí mùdìdì hái yǒu wǔ zhàn.

259 次の駅で降ります。

260 携帯はデッキでしか使えません。

261 乗り換え時間は8分です。

262 乗り換える電車のホームは3番線で、まずこの階段を上ります。

263 忘れ物を扱っているのは駅の東口です。

264 自転車のレンタル料金は2時間500円です。

265 自転車専用道路はないので気をつけてください。

266 屋久島に行く船は1日5便出ています。

267 まず電車で小田原まで行き、そこから登山鉄道に乗り替えます。

268 登山電車はスイッチバック方式で山を登っていきます。

269 山頂にはケーブルカーとロープウェイで行きます。

270 ケーブルカーには10人しか乗れません。

259 下一站下车。
Xià yí zhàn xià chē.

260 手机只能在车辆连接处使用。
Shǒujī zhǐ néng zài chēliàng liánjiēchù shǐyòng.

261 有 8 分钟的换乘时间。
Yǒu bā fēn zhōng de huànchéng shíjiān.

262 换乘的电车在 3 号站台，先上这个台阶。
Huànchéng de diànchē zài sān hào zhàntái, xiān shàng zhège táijiē.

263 失物招领处在车站东口。
Shīwù zhāolǐngchù zài chēzhàn dōngkǒu.

264 自行车租金是两小时 500 日元。
Zìxíngchē zūjīn shì liǎng xiǎoshí wǔbǎi rìyuán.

265 没有自行车专用道，请注意安全。
Méiyou zìxíngchē zhuānyòngdào, qǐng zhùyì ānquán.

266 去屋久岛的船一天有 5 趟。
Qù Wūjiǔdǎo de chuán yì tiān yǒu wǔ tàng.

267 先坐电车去小田原，在那里换乘登山铁路。
Xiān zuò diànchē qù Xiǎotiányuán, zài nàli huànchéng dēngshān tiělù.

268 登山电车以 Z 字形爬坡路线登山。
Dēngshān diànchē yǐ Z zìxíng pápō lùxiàn dēngshān.

269 可以坐钢索铁道和登山索道去山顶。
Kěyǐ zuò gāngsuǒ tiědào hé dēngshān suǒdào qù shāndǐng.

270 钢索铁道一次只能载 10 个人。
Gāngsuǒ tiědào yí cì zhǐ néng zài shí ge rén.

▷ホテルでの案内

271 ここに名前を書いてください。

272 漢字の上にアルファベットで名前の読み方を書いてください。

273 漢字、アルファベットともにパスポートと同じ書き方でお願いします。

274 この封筒の中にお部屋の鍵と朝食券が入っています。

275 ちょっとご確認ください。

276 お部屋は別館の5階524室になります。

277 朝食はロビーの下の階のレストランになります。

278 朝食は和食と洋食があって選べます。

279 食事はバイキングです。

280 町が一望できますね。

281 ここからの夜景はすばらしいです。

282 非常階段を確認してください。

▷ 酒店向导
Jiǔdiàn xiàngdǎo

271　请在这里写下您的名字。
Qǐng zài zhèli xiěxia nín de míngzi.

272　汉字上面请用英文字母写下读音。
Hànzì shàngmiàn qǐng yòng Yīngwén zìmǔ xiěxia dúyīn.

273　汉字、英文字母要和护照上的写法一致。
Hànzì、Yīngwén zìmǔ yào hé hùzhàoshang de xiěfǎ yízhì.

274　这个信封里有房间的钥匙和早餐券。
Zhège xìnfēngli yǒu fángjiān de yàoshi hé zǎocānquàn.

275　请确认一下。
Qǐng quèrèn yíxià.

276　您的房间在别馆 5 层 524 号房间。
Nín de fángjiān zài biéguǎn wǔ céng wǔ'èrsì hào fángjiān.

277　在大厅下面楼层的餐厅用早餐。
Zài dàtīng xiàmiàn lóucéng de cāntīng yòng zǎocān.

278　早餐有日式和西式供您挑选。
Zǎocān yǒu rìshì hé xīshì gōng nín tiāoxuǎn.

279　用餐是自助餐形式的。
Yòngcān shì zìzhùcān xíngshì de.

280　整个城市一览无余。
Zhěnggè chéngshì yìlǎn wúyú.

281　这里的夜景非常迷人。
Zhèli de yèjǐng fēicháng mírén.

282　请确认疏散楼梯。
Qǐng quèrèn shūsàn lóutī.

283 ではゆっくりお休みください。

284 外出する時はフロントに鍵を預けてください。

285 大浴場は夜12時までです。

286 マッサージを頼みますか？

287 お風呂から出たらこの浴衣を着るといいです。

288 浴衣で食堂には行けますが、外を歩くことはできません。

289 食事をしている間に旅館の人がお布団を敷いておいてくれます。

290 この旅館の女将さんがご挨拶に見えました。

291 この部屋の担当の仲居さんです。

292 お部屋でも食事ができます。

293 明日モーニングコールは必要ですか？

294 ドライヤーはフロントで貸してくれます。

295 貴重品は貸金庫に入れておくといいですよ。

296 チェックアウトは午前11時です。

283
那么就请您好好休息吧。
Nàme jiù qǐng nín hǎohāo xiūxi ba.

284
外出时请把钥匙寄存在前台。
Wàichū shí qǐng bǎ yàoshi jìcúnzài qiántái.

285
大浴室晚上12点关闭。
Dàyùshì wǎnshang shí'èr diǎn guānbì.

286
您需要按摩吗？
Nín xūyào ànmó ma?

287
洗完澡之后请穿上这件浴衣。
Xǐwán zǎo zhīhòu qǐng chuānshang zhè jiàn yùyī.

288
穿着浴衣可以去食堂，但是不能出去散步。
Chuānzhe yùyī kěyǐ qù shítáng, dànshì bù néng chūqu sànbù.

289
用餐时旅馆的人会帮您铺好被子。
Yòngcān shí lǚguǎn de rén huì bāng nín pūhǎo bèizi.

290
这家旅馆的老板娘来向您打招呼了。
Zhè jiā lǚguǎn de lǎobǎnniáng lái xiàng nín dǎ zhāohu le.

291
这是负责这个房间的服务员。
Zhè shì fùzé zhège fángjiān de fúwùyuán.

292
您也可以在房间里用餐。
Nín yě kěyǐ zài fángjiānli yòngcān.

293
明天需要叫醒服务吗？
Míngtiān xūyào jiàoxǐng fúwù ma?

294
可以从前台借吹风机。
Kěyǐ cóng qiántái jiè chuīfēngjī.

295
贵重物品最好放在保险箱里。
Guìzhòng wùpǐn zuìhǎo fàngzài bǎoxiǎnxiānglǐ.

296
退房时间是上午11点。
Tuìfáng shíjiān shì shàngwǔ shíyī diǎn.

297 請求書に間違いがありました。

298 和風旅館はどうでしたか？

299 出発まで荷物はホテルで預かっておいてもらいましょう。

300 おみやげは宅配便で東京のホテルに送っておいてはどうですか？

297 发票上有错误。
Fāpiàoshang yǒu cuòwù.

298 日式旅馆感觉如何?
Rìshì lǚguǎn gǎnjué rúhé?

299 出发之前我们把行李寄存在酒店吧。
Chūfā zhīqián wǒmen bǎ xíngli jìcúnzài jiǔdiàn ba.

300 礼物用快递寄到东京的酒店怎么样?
Lǐwù yòng kuàidì jìdào Dōngjīng de jiǔdiàn zěnmeyàng?

Part 2

状況別
ダイアローグ

1. 一緒に食事をする

一起吃饭　Yìqǐ chīfàn

▷朝食に生卵が出た

　北京からやってきたビジネスマンの費 (Fèi) さん。旅館での宿泊を楽しんだものの、１つ困ったことが…。

费：　旅馆 的 早餐 味道 很 好, 但是 有 一 件 事情 我 很
　　　Lǚguǎn de zǎocān wèidao hěn hǎo, dànshì yǒu yí jiàn shìqing wǒ hěn
　　　为难, 鸡蛋 是 生 的。
　　　wéinán, Jīdàn shì shēng de.

田中：　生 鸡蛋! 哦, 日本人 有 早上 吃 生 鸡蛋 的 习惯。
　　　　Shēng jīdàn! Ò. Rìběnrén yǒu zǎoshang chī shēng jīdàn de xíguàn.
　　　　搅拌 之后 滴 几 滴 酱油, 浇在 热乎乎 的 米饭上 特别
　　　　Jiǎobàn zhīhòu dī jǐ dī jiàngyóu, jiāozài rèhūhū de mǐfànshang tèbié
　　　　好吃。
　　　　hǎochī.

费：　中国 没 有 吃 生 鸡蛋 的 习惯, 所以 实在 是 难以
　　　Zhōngguó méi yǒu chī shēng jīdàn de xíguàn, suǒyǐ shízài shì nányǐ
　　　下咽。一会儿 想 托 您 告诉 旅馆, 明天 能 不 能 不 要
　　　xiàyàn. Yíhuìr xiǎng tuō nín gàosu lǚguǎn, míngtiān néng bu néng bú yào
　　　生 的, 给 我 上 熟 鸡蛋 呢?
　　　shēng de, gěi wǒ shàng shú jīdàn ne?

田中：　知道 了。您 是 要 炒 鸡蛋, 还是 煎 荷包蛋 呢? 日本 还
　　　　Zhīdao le. Nín shì yào chǎo jīdàn, háishi jiān hébāodàn ne? Rìběn hái
　　　　有 甜 的 鸡蛋卷。
　　　　yǒu tián de jīdànjuǎn.

费：　甜 的 鸡蛋卷?! 不用 了。炒 鸡蛋 或者 煎 鸡蛋 都
　　　Tián de jīdànjuǎn?! Búyòng le. Chǎo jīdàn huòzhě jiān jīdàn dōu
　　　可以。
　　　kěyǐ.

田中：　好 的。我 会 帮 您 转告 的。
　　　　Hǎo de. Wǒ huì bāng nín zhuǎngào de.

Part2　1. 一緒に食事をする

▷早饭竟然有生鸡蛋。
Zǎofàn jìngrán yǒu shēng jīdàn.

費　旅館の朝ごはん、おいしかったんですが、1つ困ったことがありました。卵が生だったんです。

田中　生卵！ ああ、日本人は朝ごはんに生卵を食べる習慣があるんですよ。かきまぜてお醤油をかけて、それから温かいご飯にかけて食べるととてもおいしいんです。

費　中国では生卵を食べる習慣はないので、とても喉を通りませんでした。明日から生ではなく火を通したものを出してもらえるよう、あとで頼んでもらえませんか？

田中　わかりました。スクランブルエッグにしますか？ それとも目玉焼き？ 甘い玉子焼きというのも日本にはあるんですよ。

費　甘い玉子焼き？！ それは結構です。スクランブルエッグか目玉焼き、どちらかでお願いします。

田中　わかりました。伝えておきますね。

▶ 単語＆表現

有一件事情我很为难：私が困ったことが1つある。"有＋名詞（句）＋動詞（句）または主述句"で「〜する…がある」の意。後半の部分が"有"の後の名詞（句）について説明している（⇒応用フレーズ）。
为难 wéinán：困る
搅拌 jiǎobàn：かき混ぜる
滴 dī：たらす、（量詞として）〜滴
浇 jiāo：かける
热乎乎 rèhūhū：あつあつ（の）、ほかほか（の）

难以 nányǐ：〜するのが難しい
下咽 xiàyàn：飲み込む
一会儿 yīhuìr：あとで
托 tuō：お願いする
上 shàng：（料理などを）出す
煎荷包蛋 jiān hébaodàn：目玉焼きを焼く
帮 bāng：手伝う、助ける。"帮＋人＋動詞（句）"で「（人の代わりに）〜してあげる」の意。
转告 zhuǎngào：代わって伝える

53

▶説明のポイント

1. 中国人と日本人の料理の好みはかなり違っているので、一緒に食事をする際には注意が必要だ。おいしいと評判が良かったものは、"**拉面** lāmiàn"(ラーメン)、"**鳗鱼盖饭** mányú gàifàn"(うな丼)、"**炸猪排** zházhūpái"(とんかつ)、"**牛排** niúpái"(ステーキ)、"**涮蟹肉** shuàn xièròu"(カニのしゃぶしゃぶ)など。"**相扑什锦火锅** xiāngpū shíjǐn huǒguō"(ちゃんこ鍋)も好評だった (⇒ p. 80)。

苦手なのは一般に生もの。中国では果物以外、食材を生で食べるという習慣がほとんどないので、生ものはサラダでも苦手と言う人は多い。冷たいものが好きではないというのもあるだろうが、体に悪いという考えもある。

最近は中国人も、冷たい飲み物を飲んだり、"**寿司** shòusī"(お寿司)や"**生鱼片** shēngyúpiàn"(刺身)を食べたりするようになった。しかし、基本的に食べ物、飲み物は温かいものをという中国人の常識は押さえておきたい。

中国人観光客のためには、冷たい水よりむしろ熱い白湯("开水 kāishuǐ")を、食事は極力アツアツのものを用意したい。

2. 中国語では「目玉焼き」をなぜ"**荷包蛋** hébāodàn"と言うのか? 日本語の「目玉焼き」は、白身の真ん中に丸い黄身が乗る様子を目玉に見立てたものと思われる。中国の目玉焼きは一般に卵の両面焼き。白身の真ん中が少し盛り上がっていて黄身は見えない。これがまるで"**荷包**"(きんちゃく袋)のようなので"**荷包蛋**"と呼ぶ。

卵料理の言い方は、ほかに"**熟鸡蛋** shú jīdàn"(ゆで卵。"熟"は「煮る」)、"**炒鸡蛋** chǎo jīdàn"(スクランブルエッグ。"炒"は「炒める」)、"**鸡蛋卷** jīdànjuǎn"(卵焼き)など。

▶ 応用フレーズ

(1) １つ（あなたに）お願いしたいことがあります。

　　我有件事想拜托您。
　　Wǒ yǒu jiàn shì xiǎng bàituō nín.

　　１つ皆さんに気を付けていただきたいことがあります。

　　我有件事想请各位注意。
　　Wǒ yǒu jiàn shì xiǎng qǐng gèwèi zhùyì.

　　いくつか検討すべき課題があります。

　　我们有几个课题需要探讨。
　　Wǒmen yǒu jǐ ge kètí xūyào tàntǎo.

(2) コーヒーにしますか？　それとも紅茶？

　　您是要咖啡，还是红茶呢?
　　Nín shì yào kāfēi, háishi hóngchá ne?

　　肉にしますか？　それとも魚？

　　您是要肉，还是鱼呢?
　　Nín shì yào ròu, háishi yú ne?

　　焼き方はレアにしますか？　それともミディアム？

　　您是要烤三分熟的，还是五分熟的呢?
　　Nín shì yào kǎo sān fēn shú de, háishi wǔ fēn shú de ne?

▷日本の中国料理店

ツアーの日程も半ば過ぎ。ガイドの田中さんは、韓 (Hán) さんたちを中国料理店に案内しました。食後に感想を聞くと…。

田中：我 觉得 各位 可能 已经 开始 想念 故乡 的 味道 了，就
　　　Wǒ juéde gèwèi kěnéng yǐjing kāishǐ xiǎngniàn gùxiāng de wèidao le, jiù
　　　把 今天 的 晚餐 定为了 中国菜。
　　　bǎ jīntiān de wǎncān dìngwéile Zhōngguócài.

韩：嗯，感觉 不 是 中国菜 而 是 日本式 的 中国菜。
　　 Ng, gǎnjué bú shì Zhōngguócài ér shì Rìběnshì de Zhōngguócài.

田中：和 正宗 的 中国菜 味道 差 很 多 吗? 不 合 您 的
　　　Hé zhèngzōng de Zhōngguócài wèidao chà hěn duō ma? Bù hé nín de
　　　口味 吗?
　　　kǒuwèi ma?

韩：没有，这里 的 菜 味道 也 不错。但是 还是 和 中国 的
　　 Méiyou, zhèli de cài wèidao yě búcuò. Dànshì hái shì hé Zhōngguó de
　　 口味 有 一些 区别。
　　 kǒuwèi yǒu yìxiē qūbié.

田中：除了 饭菜 之 外，还 有 其他 地方 让 人 觉得 这 是 日本式
　　　Chúle fàncài zhī wài, hái yǒu qítā dìfang ràng rén juéde zhè shì Rìběnshì
　　　的 中餐馆 吗?
　　　de Zhōngcānguǎn ma?

韩：一开始，他们 上了 冰水 吧? 这 在 中国 是 不 会 有 的。
　　 Yì kāishǐ, tāmen shàngle bīngshuǐ ba? Zhè zài Zhōngguó shì bú huì yǒu de.

田中：原来 是 这样! 真 是 太 对不住 了。
　　　Yuánlái shì zhèyàng! Zhēn shì tài duìbuzhù le.

韩：还 有 餐 后 上了 甜点 吧? 一般 这 也 不 是 中国 的
　　 Hái yǒu cān hòu shàngle tiándiǎn ba? Yìbān zhè yě bú shì Zhōngguó de
　　 习惯。
　　 xíguàn.

田中：是 这样 吗? 我 一直 以为 中国人 在 餐 后 都 要 吃
　　　Shì zhèyàng ma? Wǒ yìzhí yǐwéi Zhōngguórén zài cān hòu dōu yào chī
　　　杏仁 豆腐 呢!
　　　xìngrén dòufu ne!

Part2　1. 一緒に食事をする

▷ 日本的中餐馆
Rìběn de zhōngcānguǎn

田中　そろそろ故郷の味が恋しくなったのではないかと思って、今日の夕食は中国料理にしたんですが、お味はどうでしたか？

韓　　うーん、中国ではなく日本の中国料理という感じでした。

田中　本場の味とはだいぶ違いましたか？　お口に合わなかったですか？

韓　　いいえ、ここの料理もおいしかったですよ。でもやはり少し中国の味とは違いました。

田中　食事以外に、日本の中国料理店だなと感じたところはありましたか？

韓　　最初に氷の入ったお水が出てきたでしょう？　これは中国ではありえません。

田中　そうなんですか！　それは申し訳ありませんでした。

韓　　それから最後にデザートが出てきたでしょう。これも一般に中国の習慣にはないですね。

田中　そうなんですか？　中国の人はみんな食事の最後に杏仁豆腐を食べるんだと思っていました。

▶ 単語&表現

想念 xiǎngniàn：懐かしむ
定为 dìngwéi ～：～に決める。"为"は動詞の後に用いて「～とする、～とみなす」の意味を表す。
和 hé ～ 差很多 chà hěn duō：～とはだいぶ隔たりがある、～とはだいぶ違う
正宗 zhèngzōng：本場の
合口味 hé kǒuwèi：口に合う
区别 qūbié：違い、差
上 shàng：(料理などを) 出す、持ってくる

冰水 bīngshuǐ：氷水
不会有的 bú huì yǒu de：ありえない
原来 yuánlái：なんと (～だったのか！)。今まで気づかなかったことに気づいた時の言葉。"原来是这样!"で「なるほど、そうだったのか」
对不住 duìbuzhù：申し訳ない。"对不起 duìbuqǐ"に同じ。
甜点 tiándiǎn：デザート、スイーツ
以为 yǐwéi：思う、思い込む

57

▶ 説明のポイント

1. "正宗 zhèngzōng"は「本場の、正真正銘の」という意味。同じ意味で"地道 dìdao"という言い方もあるが、使い方がやや異なる。"地道的中国菜 dìdao de Zhōngguócài"（本場の中国料理）、"地道的日本人 dìdao de Rìběnrén"（生粋の日本人）とは言えるが、"正宗的日本人"は使えない。"正宗"はもともと仏教用語で「創始者の筋を引く正統の宗派」のことなので、「正統な」という意味を内包できる名詞しか修飾できない。

例： **正宗的少林武术** zhèngzōng de shàolín wǔshù（本場の少林寺拳法）
　　　正宗的日本武士 zhèngzōng de Rìběn wǔshì（正真正銘の日本の侍）

2. 中国人を日本の中国料理店に連れて行くのは、意外なことになかなか難しい。中国料理ならなじみの味で抵抗なく食べてもらえるだろうと思うかもしれないが、中国料理には舌が肥えているので、日本人なら普通においしく感じる料理でも点数が辛かったりするのだ。中国料理店に案内する時は、前もって中国人から評判を聞いておいたほうが安全だ。

また、地域性も要チェック。四川省から来た一行は、日本では何を食べても辛みが足りなかったらしく、あらゆる料理に七味唐辛子を山ほどかけて食べていた。「これをかけるとおいしくなる」とのこと。

Part2　1. 一緒に食事をする

▶ 応用フレーズ

(1) 今日の昼食はバイキングにしました。
　　把今天的午饭定为自助餐。
　　Bǎ jīntiān de wǔfàn dìngwéi zìzhùcān.

　　今日の歓迎会はカニのしゃぶしゃぶにしました。
　　把今天的欢迎会定为涮蟹肉。
　　Bǎ jīntiān de huānyínghuì dìngwéi shuàn xièròu.

　　帰国は5月10日にしました。
　　把回国定在5月10号。
　　Bǎ huí guó dìngzai wǔyuè shí hào.

(2) 中国人はみな気功ができるんだと思っていました。
　　我一直以为中国人都会发气功呢!
　　Wǒ yìzhí yǐwéi Zhōngguórén dōu huì fā qìgōng ne!

　　最近の若い人はみんなSNSを使っているんだと思っていました。
　　我一直以为最近的年轻人都在用社交软件。
　　Wǒ yìzhí yǐwéi zuìjìn de niánqīng rén dōu zài yòng shèjiāo ruǎnjiàn.

　　外国にも自動販売機がたくさんあるのだと思っていました。
　　我一直以为外国也有很多自动售货机。
　　Wǒ yìzhí yǐwéi wàiguó yě yǒu hěn duō zìdòng shòuhuòjī.

▷神戸牛を食べる

ツアー旅行に参加した閻 (Yán) さん、今日の最高の楽しみは夕食です。うわさに聞く神戸牛の鉄板焼きをいただくことになっているのです。

閻： 用 这个 铁板 来 烤 吧。
Yòng zhège tiěbǎn lái kǎo ba.

田中： 是 的。厨师 会 为 我们 切成 一 口 放入 嘴里 的 大小。
Shì de. Chúshī huì wèi wǒmen qiēchéng yì kǒu fàngrù zuǐli de dàxiǎo.

閻： 啊, 这个 太 好吃 了。入口 即 化 啊。
À, zhège tài hǎochī le. Rùkǒu jí huà a.

田中： 据说 养 这 牛 要 给 牛 听 莫扎特, 喝啤酒, 每天 按摩 呢。
Jùshuō yǎng zhè niú yào gěi niú tīng Mòzhātè, hē píjiǔ, měitiān ànmó ne.

閻： 那样 做 结果 呢?
Nàyàng zuò jiéguǒ ne?

田中： 牛 的 食欲 增加, 脂肪 部分 会 分散, 就可以 成为 美味
Niú de shíyù zēngjiā, zhīfáng bùfen huì fēnsàn, jiù kěyǐ chéngwéi měiwèi
的 雪花 牛肉 了。其实 我 不 是 很 喜欢 牛肉。能 不 能
de xuěhuā niúròu le. Qíshí wǒ bú shì hěn xǐhuan niúròu. Néng bu néng
替我把我这份儿 吃掉 呢?
tì wǒ bǎ wǒ zhè fènr chīdiào ne?

閻： 如此 美味 的 牛肉 不 能 吃 吗? 太 幸运 了。那么 我 就 不
Rúcǐ měiwèi de niúròu bù néng chī ma? Tài xìngyùn le. Nàme wǒ jiù bú
客气 了。
kèqi le.

Part2　1. 一緒に食事をする

▷吃神戸牛肉
Chī Shénhù niúròu

閻　この鉄板で焼くんですね。

田中　はい。コックさんがこれを一口大に切ってくれます。

閻　いやあ、これはおいしい。とろけるようです。

田中　この牛はモーツァルトを聞かせ、ビールを飲ませ、毎日マッサージをして育てるんだそうですよ。

閻　そうするとどうなるんですか？

田中　牛の食欲が増し、脂の部分が分散して、霜降りのおいしいお肉になるんです。実は私は牛肉が苦手なんです。代わりに私の分も食べていただけませんか？

閻　こんなにおいしいお肉が食べられないんですか？　それはラッキーです。では遠慮なくいただきます。

▶ 単語＆表現

用这个铁板来烤：この鉄板で焼く。"来"は、2つの動詞（句）の間に置いて、「～でもって…する」という用法。前半の動詞（句）は方法などを表し、後半は目的を表わす。

烤 kǎo：あぶる、焼く

切成 qiēchéng：切って～にする

大小 dàxiǎo：大きさ。"一口放入嘴里的大小"で「一口で口の中に入る大きさ」。

入口即化 rùkǒu jí huà：口に入れるとすぐとける

按摩 ànmó：マッサージする

分散 fēnsàn：分散する

成为 chéngwéi～：～になる

其实 qíshí：実は

替 tì：代わる。"替+人+動詞（句）"で「人の代わりに～する」の意。

吃掉 chīdiào：食べてしまう。"掉 diào"は動詞の後に付けて、離脱・消失・排除等のニュアンスを表す。

客气 kèqi：遠慮する、礼儀正しくする（⇒ p. 74）

▶説明のポイント

1. "入口即化"の"即"は「すぐ、たちまち」、"化"はここでは「とける」の意味。全体で、「口に入れるとたちまちとける」の意。ほかにも"即"を使った言い方に、**"一触即发"** yī chù jí fā(触るとすぐ爆発する、一触即発)、**"家电齐全，拎包即可入住。Jiādiàn qíquán, līnbāo jíkě rùzhù."** (家電もすべて備わっていて、バッグ1つで即入居可) などがある。

2. 本文の会話は「鉄板焼き」**"铁板烧** tiěbǎnshāo**"** の店で食事をする場面だが、ほかにも日本食を中国語で表す言い方を紹介しよう。

たこ焼き：章鱼小丸子 zhāngyú xiǎowánzi
 "章鱼"は「タコ」、"丸子"は「団子」。

うな丼：鳗鱼盖饭 mányú gàifàn
 "鳗鱼"は「うなぎ」、"鳗鱼盖饭"で「うなぎでご飯に蓋をする」。
ご飯の上におかずを載せる「〜どんぶり」はみなこのような言い方をする。
　例：　**麻婆豆腐盖饭** mápódòufu gàifàn (麻婆豆腐丼)
　　　　牛肉盖饭 niúròu gàifàn (牛丼)

うどん：乌冬面 wūdōngmiàn
 "乌冬"は「うどん」の音訳か？"面"は「めん類」。直訳すると「うどんという名前のめん類」。

そば：荞麦面 qiáomàimiàn

おでん：关东煮 guāndōngzhǔ
 "关东煮 guāndōngzhǔ"の直訳は「関東煮」で、北京を中心に広く使われる呼び方。また南方での中国語訳で **"熬点** áodiǎn**"** とも言う。"熬"は「煮込む」、"点"は「スナック」。全体で「煮込みスナック」的な意味合いと「おでん」という音をミックスさせているようだ。

Part2 1. 一緒に食事をする

▶ 応用フレーズ

(私の代わりに) 先にチケットを買っておいていただけますか?
能不能请你替我先买一下票呢?
Néng bu néng qǐng nǐ tì wǒ xiān mǎi yíxià piào ne?

彼の代わりに会議に出席していただけますか?
能不能请你替他出席一下会议呢?
Néng bu néng qǐng nǐ tì tā chūxí yíxià huìyì ne?

(私たちの代わりに) シャッターを押していただけますか?
能不能请你替我们按一下快门呢?
Néng bu néng qǐng nǐ tì wǒmen àn yíxià kuàimén ne?

63

▶荷物を置きっぱなしで注文に行った！

歩き疲れた殷 (Yin) さん。ガイドの田中さんと一緒に、ファーストフード店で飲み物を飲んでひと休みすることにしました。

田中: 人多，先 找 座位 吧。把我的 书包 放 这儿吧。没 有
Rén duō, xiān zhǎo zuòwèi ba. Bǎ wǒ de shūbāo fàng zhèr ba. Méi yǒu
什么 贵重 物品，没事 的。
shénme guìzhòng wùpǐn, méishì de.

殷: 大家 都 把 书包 放 座位上 然后 去 点 餐。一般 都
Dàjiā dōu bǎ shūbāo fàng zuòwèishang ránhòu qù diǎn cān. Yìbān dōu
这样 吗?
zhèyàng ma?

田中: 点完 餐 后 没 有 座位 很 麻烦, 人 多 的 时候 就 会
Diǎnwán cān hòu méi yǒu zuòwèi hěn máfan, rén duō de shíhou jiù huì
这样。
zhèyàng.

殷: 刚才 在 新干线上 我 也 看到 有 人 走动 时 不 拿
Gāngcái zài xīngànxiànshang wǒ yě kàndào yǒu rén zǒudòng shí bù ná
外衣 和 书包 之 类的。让 我 很 吃惊。
wàiyī hé shūbāo zhī lèi de. Ràng wǒ hěn chījīng.

田中: 应该 是 去 卫生间 吧。拿着 外衣 书包 去 卫生间 挺
Yīnggāi shì qù wèishēngjiān ba. Názhe wàiyī shūbāo qù wèishēngjiān tǐng
麻烦 的，我 也 常 不 带。
máfan de, wǒ yě cháng bú dài.

殷: 看来 日本 社会 真 是 安全。
Kànlái Rìběn shèhuì zhēn shì ānquán.

田中: 原来 您 会 这样 感觉。我 以为 这 是 理 所 当 然 的 呢。
Yuánlái nín huì zhèyàng gǎnjué. Wǒ yǐwéi zhè shì lǐ suǒ dāng rán de ne.
不过 请 您 随身 携带 贵重 物品。也 不 是 百 分 之 百
Búguò qǐng nín suíshēn xiédài guìzhòng wùpǐn. Yě bú shì bǎi fēn zhī bǎi
安全 的。
ānquán de.

Part2 1. 一緒に食事をする

▷把书包放在座位上，不拿着去点餐！
Bǎ shūbāo fàngzài zuòwèishang, bù názhe qù diǎn cān!

田中 混んでいますから、まず席を確保しましょう。ここに私のバッグを置いておきます。たいしたものは入っていませんから大丈夫ですよ。

殷 ほかの人も荷物だけ置いて注文しに行っていますね。よくこういうことをするんですか？

田中 注文したあと座る場所がないと困るので、混んでいる時はこうします。

殷 さっき新幹線の中でも、コートやカバンなどを置いて席を立つ人を見かけてびっくりしたんですが。

田中 トイレに行ったんでしょうね。コートやカバンを持ってトイレに入るのは面倒ですから、私もよくやります。

殷 日本は本当に安全な社会なんですね。

田中 そんなふうにお感じになるんですね。当たり前のことのように思っていましたが。でも貴重品は持っていってくださいね。100％安全ということはありませんから。

▶単語＆表現

没事 méishì：何でもありません、大丈夫です、どういたしまして（⇒通訳案内のワンポイントコラム）

点餐 diǎn cān：料理を注文する。"点完餐"は、間に結果補語の"完"（～し終える）が入った構造。

走动 zǒudòng：動く

吃惊 chījīng：驚く、びっくりする。「動詞＋目的語」構造の離合詞。完了・実現の助詞"了"や数量詞など他の成分を加えるときは、"吃了一惊 chīle yì jīng"（びっくりした）のように動詞と目的語の間に入れる。

理所当然 lǐ suǒ dāng rán：（成語で）当然である

随身 suíshēn：身につける

百分之 bǎi fēn zhī ～：100分の～、～パーセント

▶ 説明のポイント

1. "让我很吃惊"(私をびっくりさせる)のように、中国語では感情表現を使役で表すことが多い。「使役の動詞(让／叫 jiào／使 shǐ など)＋使役の目的語(させられる側)＋心理活動に関わる動詞」という構造で使われる。たとえば"你来到这儿多让人高兴啊！ Nǐ láidào zhèr duō ràng rén gāoxìng a!"は、直訳すれば「あなたが来てくれたことは人(ここでは話し手(＝私)を指す)を喜ばせる」だが、「あなたが来てくれて(私は)嬉しい」という意味。

"令人 lìng rén～"という書面語的な使役表現も、スピーチなどではよく使われる。意味は"让人"と同じ。

2. "应该(是)～"は、状況から判断して「～のはずだ、～だろう」という意味を表す。確信の度合いが弱い場合は、類義表現の"好像(是) hǎoxiàng (shì)～"(～らしい、～みたいだ)を用いる(⇒応用フレーズ)。

3. "请您随身携带贵重物品。"(貴重品は持って行ってください)以外にも、注意を喚起する言い方を覚えておこう。

たとえば、人混みなどでは"请您要包不离身。Qǐng nín yào bāo bù lí shēn."(バッグはお手元から離さないでください)と声をかけよう。また、案外多いのが忘れ物。バスや電車などを降りる際は"请千万不要落下东西。Qǐng qiānwàn búyào làxia dōngxi."(くれぐれもお忘れ物のないようにご注意ください)と一声かけるとよい。

最近では、禁煙の施設が増えてきた。「全館禁煙になっています」"整个馆都是禁烟的。Zhěnggè guǎn dōu shì jìnyān de."といった表現を覚えておくとよい。

Part2　1. 一緒に食事をする

▶ 応用フレーズ

(1) 魚を食べるときはこうするとうまくいきます。

吃鱼的时候这样的话就会更容易吃。
Chī yú de shíhou zhèyàng dehuà jiù huì gèng róngyì chī.

神社にお参りするときはこうします。

去神社参拜时要这样。
Qù shénshè cānbài shí yào zhèyàng.

店員さんを呼ぶときはこうします。

叫店员时要这样。
Jiào diànyuán shí yào zhèyàng.

(2) 交番に行ったんでしょうね。

应该是去了警察岗亭吧。
Yīnggāi shì qùle jǐngchá gǎngtíng ba.

電車は行ってしまったようですね。

电车好像走了。
Diànchē hǎoxiàng zǒu le.

展示は終わってしまったようですね。

展览好像结束了。
Zhǎnlǎn hǎoxiàng jiéshù le.

通訳案内のワンポイントコラム　「大丈夫？」「大丈夫」

「大丈夫」の言い方には、本文中に出てきた"没事 méishì"のほかに、"不要紧 búyàojǐn""没问题 méi wèntí"などがある。

転んだ人に「大丈夫ですか？」と声をかける場合は"没事吗？""没事吧？""不要紧吗？"などと言う。

「大丈夫」と答える場合は"没事"(なんでもありません)"不要紧"(大丈夫です)"没问题"(問題ありません)などと答える。日本語の「大丈夫」とほぼ同じ感覚だ。

▶日本の宴席で

TRACK 16

今日は日本側による歓迎会です。初めて日本に来た梁 (Liáng) さんは、日本の宴会がどういうものか気になっています。

铃木： 基本上 和 中国 一样，最初 是 简单 的 客套话 然后
Jīběnshang hé Zhōngguó yíyàng, zuìchū shì jiǎndān de kètàohuà ránhòu
干杯。与 中国 不 同 的 是，大家 一起 干杯 只 在 第 一 次。
gānbēi. Yǔ Zhōngguó bù tóng de shì, dàjiā yìqǐ gānbēi zhǐ zài dì yī cì.

梁： 中途 不 干杯 吗?
Zhōngtú bù gānbēi ma?

铃木： 是 的。但是 有 移动 座位 给 特定 的 对象 倒 酒 表示
Shì de. Dànshì yǒu yídòng zuòwèi gěi tèdìng de duìxiàng dào jiǔ biǎoshì
敬意 的 习惯。那 时候 可能 会 和 对方 干杯。
jìngyì de xíguàn. Nà shíhou kěnéng huì hé duìfāng gānbēi.

梁： 这 和 中国 一样。
Zhè hé Zhōngguó yíyàng.

铃木： 是 的。但是 中国 干杯 后 要 把 酒 喝光，日本 一边 说
Shì de. Dànshì Zhōngguó gānbēi hòu yào bǎ jiǔ hēguāng, Rìběn yìbiān shuō
干杯 然后 互相 碰 下 杯子 喝 一 口 就 可以，不用 喝光。
gānbēi ránhòu hùxiāng pèng xià bēizi hē yì kǒu jiù kěyǐ, búyòng hēguāng.

梁： 那 就 好。我 听见 刚才 铃木 先生 向 小 高 说
Nà jiù hǎo. Wǒ tīngjiàn gāngcái Língmù xiānsheng xiàng Xiǎo Gāo shuō
"小 高 还 不 到 20 岁 我 帮 你 点 果汁"，那 是 什么
"XiǎoGāo hái bú dào èrshí suì wǒ bāng nǐ diǎn guǒzhī", nà shì shénme
意思?
yìsi?

铃木： 日本 法律 规定 不 到 20 岁 不 能 喝 酒。 中国 呢?
Rìběn fǎlǜ guīdìng bú dào èrshí suì bù néng hē jiǔ. Zhōngguó ne?

梁： 没 有 这样 的 法律。 小 高 虽然 19 岁，但是 高中
Méi yǒu zhèyàng de fǎlǜ. Xiǎo Gāo suīrán shíjiǔ suì, dànshì gāozhōng
毕业 就 是 大人 了，在 中国 可以 喝 酒 了。
bìyè jiù shì dàren le, zài Zhōngguó kěyǐ hē jiǔ le.

Part2 1. 一緒に食事をする

▷在日本的宴席上
Zài Rìběn de yànxíshang

鈴木　基本的に中国と同じで、最初に簡単なあいさつがあり、それから乾杯です。中国と違うのは、みんなでする乾杯が最初の1回だけというところです。

梁　途中では乾杯しないんですか？

鈴木　はい。でも席を移動して特定の相手にお酒をついで敬意を表すという習慣はあります。その時相手と乾杯しあうこともあるかもしれません。

梁　それは中国と同じですね。

鈴木　はい。ただ、中国では乾杯したあとお酒を飲み干しますが、日本では「乾杯」と言いながらお互いにグラスをぶつけたあと一口飲めばよく、飲み干す必要はないんですよ。

梁　それはよかった。さっき鈴木さんは高さんに「高さんはまだ十代ですからジュースを頼んでおきましょうか？」と聞いていましたよね。あれはどういう意味？

鈴木　日本の法律では20歳前の人はお酒を飲んではいけないんです。中国はどうですか？

梁　そんな法律はないですよ。高さんは19歳ですが、高校を卒業していてもう大人ですから、中国ならお酒を飲んでも大丈夫です。

▶ 単語&表現

基本上 jīběnshang：おおよそ、ほぼ
客套话 kètàohuà：あいさつ
倒酒 dào jiǔ：酒をつぐ
喝光 hēguāng：飲み干す。"光"は「何も残っていない」という意味の結果補語。
碰下杯子 pèng xià bēizi：杯を軽くぶつける。"碰下"の"下"は"一下"（ちょっと）
规定 guīdìng：定める、規定する。ルールを説明するときに便利な言葉。
不到20岁不能喝酒：20歳前の人はお酒を飲んではいけない。"不能"は「禁止」のニュアンス（⇒ p. 162）
虽然 suīrán：～ではあるけれども。後ろに"但是"、"可是"など逆接の接続詞が来ることが多い。
毕业 bìyè：卒業する。「動詞+目的語」構造の離合詞なので、直後にさらに目的語を続けることはできない。

69

▶ 説明のポイント

1. 宴席で乾杯の発声を頼まれた時は、気のきいた一言を言ってみたいもの。

祝大家身体健康，干杯！ Zhù dàjiā shēntǐ jiànkāng, gānbēi!
(皆様の健康を祝して乾杯！)

祝各位大展宏图，干杯！ Zhù gèwèi dà zhǎn hóngtú, gānbēi!
(皆様のより一層のご発展を祈って乾杯！)

といった言い方が定番。

祝中日两国友谊之树常青，干杯！ Zhù Zhōng-Rì liǎng guó yǒuyì zhī shù cháng qīng, gānbēi!（日中両国民の友好を願って乾杯！）

なども耳にする。

さらに気のきいたスピーチをしたければ、

日本有句话叫"一期一会"。是说相识即难能可贵。那么为了感谢我们今天的相识，干杯！ Rìběn yǒu jù huà jiào "yì qī yí huì". Shì shuō xiāngshí jí nán néng kě guì. Nàme wèile gǎnxiè wǒmen jīntiān de xiāngshí, gānbēi!

(日本には「一期一会」という言葉があります。出会いの尊さを言う言葉です。では私たちの今日の出会いに感謝して、乾杯！)

などと言ってみよう。

2. "你会喝酒吗？ Nǐ huì hē jiǔ ma?"（お酒は飲めますか？）と聞かれたら、答え方には注意が必要。

「少しはいけます」と言いたければ"**会一点。** Huì yìdiǎn."（少し飲めます）、「下戸です」なら"**我不会喝。** Wǒ bú huì hē."（まったく飲めません）。

"**我能喝。** Wǒ néng hē."と答えると「かなりいけます」の意味になるので要注意。度数の強いマオタイ酒などが何度もなみなみと注がれることになるかもしれない。

お酒が飲めない場合"**以茶代酒。** Yǐ chá dài jiǔ."（お茶でお酒に換えさせていただきます）などと言って乾杯する手段もある。

Part2　1. 一緒に食事をする

▶ 応用フレーズ

(1) 日本の法律では20歳未満の人はタバコを吸ってはいけません。

日本法律规定不到20岁不能抽烟。
Rìběn fǎlǜ guīdìng bú dào èrshí suì bù néng chōu yān.

日本の法律では18歳未満の男性は結婚できません。

日本法律规定不到18岁的男性不能结婚。
Rìběn fǎlǜ guīdìng bú dào shíbā suì de nánxìng bù néng jiéhūn.

法律でこの地域では草花の持ち帰りが禁止されています。

法律规定这个地区禁止采摘花草。
Fǎlǜ guīdìng zhège dìqū jìnzhǐ cǎizhāi huācǎo.

(2) 鈴木さんは中国語を始めて1年ですが、かなり流暢に話せるようになりました。

虽然铃木先生才学了一年中文，但是他已经能说得很流利了。
Suīrán Língmù xiānsheng cái xuéle yì nián Zhōngwén, dànshì tā yǐjīng néng shuōde hěn liúlì le.

この旅館は不便な場所にありますが、いつも予約でいっぱいです。

这家旅馆虽然交通不便，可是常常预订爆满。
Zhè jiā lǚguǎn suīrán jiāotōng búbiàn, kěshì chángcháng yùdìng bàomǎn.

> ### 通訳案内のワンポイントコラム　お酒のマナー
>
> 酒席で注意しなければいけないのは、酒の場での醜態に対する日中の違い。日本では大目に見られることが多いが、中国では酒席での醜態は一般に軽蔑の対象なので注意したい。
> また日本では出されたものをきれいに食べるのがマナーだが、中国では少し残すのがマナー。きれいに食べると「料理が足りなかった」という意味合いになるので注意。ただ最近ではこうした習慣は資源の無駄遣いとして見直されつつあると聞く。

▷いただきます　ごちそうさま

研修で日本に来た高 (Gāo) さんは、研修先の会社で働く山田さんの家に初めてのホームステイをしました。奥さん手作りの料理をいただきます。

山田：高　先生，请 你 不要 客气。
　　　Gāo xiānsheng, qǐng nǐ búyào kèqi.

高：　谢谢。那 我 就 不 客气 了。
　　　Xièxie. Nà wǒ jiù bú kèqi le.

山田一家老小：いただきます。

高：　刚才 大家 讲 的 那 句 话 是 什么 意思?
　　　Gāngcái dàjiā jiǎng de nà jù huà shì shénme yìsi?

山田：这 句 话 翻译成 汉语 是"我 要 开动 了"，是 用餐 时
　　　Zhè jù huà fānyìchéng Hànyǔ shì "wǒ yào kāidòng le", shì yòngcān shí
　　　的 套话。吃完了 会 说 "多谢 款待"。
　　　de tàohuà. Chīwánle huì shuō "duōxiè kuǎndài".

高：　有 什么 含义 吗?
　　　Yǒu shénme hányì ma?

山田："我 要 开动 了"和"多谢 款待" 都 是 表示 对 做 饭 的
　　　"Wǒ yào kāidòng le" hé "duōxiè kuǎndài" dōu shì biǎoshì duì zuò fàn de
　　　人、农家、以及 将 生命 作为 食物 给予 我们 的 万物
　　　rén, nóngjiā, yǐjí jiāng shēngmìng zuòwéi shíwù jǐyǔ wǒmen de wànwù
　　　感谢 之 意。
　　　gǎnxiè zhī yì.

高：　这 句 话 真 不错。
　　　Zhè jù huà zhēn búcuò.

山田：平常 都 是 顺口 说 的，也 没有 好好 想过。要不是
　　　Píngcháng dōu shì shùnkǒu shuō de, yě méiyou hǎohāo xiǎngguo. Yàobúshì
　　　高　先生 问 我，我 还 不 会 好好 想 一下 含义 呢。
　　　Gāo xiānsheng wèn wǒ, wǒ hái bú huì hǎohāo xiǎng yíxià hányì ne.

Part2　1. 一緒に食事をする

▷ 我要开动了／多谢款待
Wǒ yào kāidòng le / Duōxiè kuǎndài

山田　高さん、どうぞ遠慮なく召し上がってください。

高　　ありがとうございます。では遠慮なく。

山田さん一家　（日本語で）いただきます。

高　　今皆さんがおっしゃったのは、どんな意味の言葉ですか？

山田　中国語に訳すと"**我要开动了**"という表現で、食事をする時のあいさつです。食事を終えたら「ごちそうさま」と言います。

高　　何か意味があるんですか？

山田　「いただきます」も「ごちそうさま」も、食事を作ってくれた人、農家の人々、命を食として私たちに与えてくれた存在への感謝です。

高　　それは良い言葉ですね。

山田　でも普段は何気なくあいさつとして使っていて、よく考えることはありませんでした。高さんが聞いてくださったおかげで、私も改めて意味を考えることができました。

▶ 単語＆表現

客气 kèqi：遠慮する、礼儀正しくする

开动 kāidòng：もともとは「機械が動き始める」ことを表す。ここでは「お椀とお箸を動かして食事を始める」。

套话 tàohuà：あいさつ、決まり文句。
　cf. **寒暄** hánxuān「あいさつ」（⇒応用フレーズ）

款待 kuǎndài：もてなす

含义 hányì：含んでいる意味

农家 nóngjiā：農家

将 jiāng ～ **作为** zuòwéi …：～を…とする

给予 jǐyǔ：（書面語で）与える。二重目的語を取り、直接目的語には抽象的な意味の2音節名詞が来ることが多い。この文での直接目的語は"**生命**"で、"**将**"によって前置されている。"**我们**"は間接目的語。

顺口 shùnkǒu：（つい）口にする、（口から出てくるのに任せて）言う

要不是 yàobúshì：もし～でなかったら。事実に反する仮定条件を表す。

▶ 説明のポイント

1. "客气"には動詞「遠慮する、礼儀正しくする」と形容詞「遠慮深い、礼儀正しい」の用法があるが、いずれも「客の気分になる」ということ。本文では動詞の用法で使われている。ここでは客をもてなす席でのホストとゲストの挨拶表現。形容詞の用法では、たとえばプレゼントをもらった時などのお礼として"**您太客气了。** Nín tài kèqi le."(礼儀正しすぎます、そんなにお気遣いなく)という言い方がよく使われる。

2. 中国語で「いただきます」や「ごちそうさま」に相当する言い方はない。
「いただきます」と言いたい時は"**那我就不客气了。** Nà wǒ jiù bú kèqi le."(では遠慮なく)などと言って食べ始める。
「ごちそうさまでした」と言いたい時は"**吃饱了，谢谢。** Chībǎo le, xièxie."(お腹いっぱいです。ありがとうございました)などと言えばOK。

3. 食事に招いた際、招かれた際に使える表現を覚えよう。
「お代わりはいかがですか？」は"**要再来一些吗？** Yào zài lái yìxiē ma?"。
遠慮する場合には、"**谢谢，不过我饱了，一口都吃不下了。** Xièxie, búguò wǒ bǎo le, yì kǒu dōu chībuxià le."(せっかくですが、お腹がいっぱいで、もう一口も入りません)と感謝とともに伝えよう。
"**合您的口味吗？** Hé nín de kǒuwèi ma?"(お口に合いましたか？)と聞かれたら、"**非常美味。您夫人的手艺真不错。** Fēicháng měiwèi, Nín fūrén de shǒuyì zhēn búcuò."(とてもおいしかったです。奥様は本当に料理がお上手ですね)といった表現がすぐに出てくるとよい。

Part2 1. 一緒に食事をする

▶ 応用フレーズ

(1) これは初対面の時のあいさつです。

这是初次见面时的寒暄。
Zhè shì chū cì jiànmiàn shí de hánxuān.

「難しい」は断る時の決まり文句です。

"难办"是拒绝别人时的套话。
"Nán bàn" shì jùjué biérén shí de tàohuà.

お賽銭を投げるのは寺社へお参りする時の決まりです。

扔香火钱是去寺庙神社参拜时的规矩。
Rēng xiānghuǒqián shì qù sìmiào shénshè cānbài shí de guīju.

(2) あなたが注意してくれたおかげでうまくいきました。

要不是你提醒我，还不会这样顺利呢。
Yàobúshì nǐ tíxǐng wǒ, hái bú huì zhèyàng shùnlì ne.

あなたが教えてくれたおかげで車の運転ができるようになりました。

要不是你教我，我还不会开车呢。
Yàobúshì nǐ jiāo wǒ, wǒ hái bú huì kāichē ne.

あなたがお見舞いに来てくれたおかげで病気がよくなりました。

要不是你来看我，我的病还好不了呢。
Yàobúshì nǐ lái kàn wǒ, wǒ de bìng hái hǎobuliǎo ne.

▶都庁の食堂って入れるんだ！

都庁の展望台で東京一円を展望したあと、都庁の中で昼食をとることにした余 (Yú) さんたち観光団一行。都庁で働く人が利用する食堂に一般人も入れると聞いてびっくり。興味しんしん食堂に入っていきました。

铃木： 首先 在这儿买 餐券。请 挑选 自己喜欢吃的。
Shǒuxiān zài zhèr mǎi cānquàn. Qǐng tiāoxuǎn zìjǐ xǐhuan chī de.

余： 是自助餐式的啊。
Shì zìzhùcān shì de a.

铃木： 这边 窗 外 风景 不错，就 坐 这儿吧。
Zhèbiān chuāng wài fēngjǐng búcuò, jiù zuò zhèr ba.

余： 在这儿吃饭的都是都政府的 公务员 吗？
Zài zhèr chī fàn de dōu shì dūzhèngfǔ de gōngwùyuán ma?

铃木： 有 公务员，也有一般市民。从 这所大楼 能够
Yǒu gōngwùyuán, yě yǒu yìbān shìmín. Cóng zhè suǒ dàlóu nénggòu
眺望 东京，比一般的店要便宜，所以这个食堂很
tiàowàng Dōngjīng, bǐ yìbān de diàn yào piányi, suǒyǐ zhège shítáng hěn
受 欢迎。
shòu huānyíng.

余： 公务员 是免费的吧。
Gōngwùyuán shì miǎnfèi de ba.

铃木：不是。你看，那些人 肯定 是这里的 公务员，他们也在
Bú shì. Nǐ kàn, nàxiē rén kěndìng shì zhèlǐ de gōngwùyuán, tāmen yě zài
买 餐券。
mǎi cānquàn.

余： 啊？ 在 中国 工作 单位 里面 的 食堂 是 免费 的。
Á? Zài Zhōngguó gōngzuò dānwèi lǐmiàn de shítáng shì miǎnfèi de.
一般人也进不去。日本的市政府 真 有意思。
Yìbānrén yě jìnbuqù. Rìběn de shìzhèngfǔ zhēn yǒu yìsi.

▷东京的都政府办公楼是对外开放的！
Dōngjīng de dūzhèngfǔ bàngōnglóu shì duì wài kāifàng de!

鈴木　まずここで食券を買います。お好きなものを選んでくださいね。

余　　セルフサービス式なんですね。

鈴木　見晴らしがいいのでここに座りましょう。

余　　ここで食べている人はみな都庁の役人ですか？

鈴木　お役人もいますし、一般の人もいます。高層ビルから東京を見渡せるし、普通のお店より少し安いので人気があります。

余　　役人はただなんでしょうね。

鈴木　いえ。見てください、あの人たちは明らかに都庁の役人だと思いますが、やはり食券を買っていますよ。

余　　へえ！　中国だったら職場についている食堂はただです。一般の人が入ってくるなんてこともありません。日本の役所は面白いですね。

▶単語＆表現

餐券 cānquàn：食券
挑选 tiāoxuǎn：選ぶ
自助餐 zìzhùcān：セルフサービス式の食事、バイキング
都政府 dūzhèngfǔ：都庁
能够 nénggòu：〜できる。"能够"はここでは"能"と同じ。"能够眺望东京"で「東京を見渡すことができる」。
眺望 tiàowàng：眺める

受欢迎 shòu huānyíng：人気がある
免费 miǎnfèi：無料、ただ
肯定 kěndìng：必ず、まちがいなく
单位 dānwèi：職場、勤務先
进不去 jìnbuqù：入れない。可能補語の否定形（→ p.86）
市政府 shìzhèngfǔ：市役所。日本語訳の「役所」は「市役所」のことを指している。

▶説明のポイント

1. 日本語では「政府＝中央政府」のことだが、中国語の"**政府**"は「①中央政府」の意味と「②役所、役場」の意味がある。たとえば「村役場」は"**村政府**"。"**都政府**"を「都庁」と解すると役人色が薄まってしまい、中国人が「普通の庶民が政府機関の食堂に入ってきて、役人と同じテーブルで食事をしている！」と驚く理由がいまひとつわからないが、「都政府」と訳すと少しは中国人の驚きが理解できるのではないだろうか？

都庁の職員は日本では「役人」というより「公僕」で、いばってなどいない（と思う）が、中国では"**市政府**"の職員は一般に、庶民の上にいて様々な特権を享受できる。

この課のタイトル"**东京的都政府办公楼是对外开放的！**"（都庁の食堂って入れるんだ！）という観光客の言葉にはこうした前提がある。

2. 中国の企業はもとはみな国営で、同じ敷地内に、食堂は言うに及ばず、学校も病院もあった。現在は民営企業も増えているが、大きな会社であれば昼食は基本的に会社の食堂で食べる。食堂では食券等ではなく一般にカードを使うが、カードを機器に入れてシュッと引くあの動作を"**刷卡** shuākǎ"と言う（"**刷卡**"はまた「カードで支払う」ことも意味する）。

食堂にいる専門の職員にご飯やおかずをよそってもらうことを"**打饭** dǎ fàn"と言う。家でご飯を作るのではなく外食することを"**吃食堂** chī shítáng"と言うが、「食堂を食べる」ではなく「食堂で食べる」あるいは「食堂で作ったものを食べる」ということ。家に持ち帰って食べても"**吃食堂**"と言える。

Part2　1. 一緒に食事をする

応用フレーズ

(1) お好きな飲み物を選んでください。

　　　请挑选自己喜欢喝的。
　　　Qǐng tiāoxuǎn zìjǐ xǐhuan hē de.

　　お好きな席に座ってください。

　　　请挑选自己喜欢的座位。
　　　Qǐng tiāoxuǎn zìjǐ xǐhuan de zuòwèi.

　　お好きな食べ物をお皿に盛ってください。

　　　请用盘装取自己喜欢吃的食物。
　　　Qǐng yòng pán zhuāngqǔ zìjǐ xǐhuan chī de shíwù.

(2) 普通のお店より品揃えがいいです。

　　　比一般的店东西要齐全。
　　　Bǐ yìbān de diàn dōngxi yào qíquán.

　　普通のお店より品質がいいです。

　　　比一般的店质量要好。
　　　Bǐ yìbān de diàn zhìliàng yào hǎo.

　　インターネットで注文するより安心です。

　　　比在网上下单要让人放心。
　　　Bǐ zài wǎngshang xiàdān yào ràng rén fàngxīn.

通訳案内のワンポイントコラム　「絶景ですね！」

　本文中に"能够眺望东京 nénggòu tiàowàng Dōngjīng"（東京を一望できる）とあったように、観光地では景色や眺めについてコメントする機会が多い。
　「絶景だ」"景色绝佳！ Jǐngsè juéjiā!"
　「町中が一望できる」"整个城市尽收眼底。Zhěnggè chéngshì jìn shōu yǎndǐ."
などと言う。便利なフレーズとして覚えておこう。

2.1 観光案内をする

导游 Dǎoyóu

▷相撲部屋見学

TRACK 19

テレビで相撲中継を見て以来、相撲に夢中の凌 (Líng) さん。相撲部屋が稽古を公開していると聞き、さっそく予約を入れて見学に行きました。

凌： 抬腿后"咚"的一声落下,这个动作是做什么的?
Tái tuǐ hòu "dōng" de yì shēng luòxià, zhège dòngzuò shì zuò shénme de?

田中：那个叫做"四股",是锻炼腰和腿的,也有祛除大地
Nàge jiàozuò "sìgǔ", shì duànliàn yāo hé tuǐ de, yě yǒu qūchú dàdì
邪气的意思。
xiéqì de yìsi.

凌： 像宗教一样。
Xiàng zōngjiào yíyàng.

田中：是的。相扑既是体育运动,也是宗教性的祭神
Shì de. Xiāngpū jì shì tǐyù yùndòng, yě shì zōngjiàoxìng de jì shén
活动。
huódòng.

凌： 我在电视上看到力士们撒白色的粉末,那个也有
Wǒ zài diànshìshang kàndào lìshìmen sǎ báisè de fěnmò, nàge yě yǒu
宗教意义吗?
zōngjiào yìyì ma?

田中：是的。那是在撒盐,据说盐有祛除污秽的作用,用
Shì de. Nà shì zài sǎ yán, jùshuō yán yǒu qūchú wūhuì de zuòyòng, yòng
撒盐来净化土俵。
sǎ yán lái jìnghuà tǔbiào.

凌： 看,力士端来了看起来很美味的东西。
Kàn, lìshì duānláile kànqilai hěn měiwèi de dōngxi.

田中：似乎是免费让参观者品尝的。这叫做"相扑
Sìhū shì miǎnfèi ràng cānguānzhě pǐncháng de. Zhè jiàozuò "xiāngpū
什锦火锅",是力士每天都要吃的菜。
shíjǐn huǒguō", shì lìshì měitiān dōu yào chī de cài.

▷参观相扑练习房
Cānguān xiāngpū liànxífáng

凌　足を振り上げてドスンと下ろすあの動作は何をやっているんですか？

田中　あれは「四股(しこ)」と言い、足腰を鍛えているんですが、大地の邪気を払うという意味も持ちます。

凌　宗教みたいですね。

田中　はい。相撲はスポーツの側面と、神にささげる儀式という宗教的な側面を持っているんです。

凌　テレビでは力士が白い粉をまいていましたが、あれも宗教的な意味があるんですか？

田中　はい。あれは塩をまいているんですが、塩はけがれを取る力を持つとされていて、ああして土俵を清めています。

凌　おや、お相撲さんがおいしそうなものを持ってきてくれましたよ。

田中　見学者へのサービスのようですね。これは「ちゃんこ鍋」と言って、お相撲さんが毎日食べている料理です。

▶単語＆表現

抬 tái：(手や足を)上げる
腿 tuǐ：足。足の付け根から足首までを指す。足首からつま先までは"脚 jiǎo"。
叫做 jiàozuò：～と言う、～と呼ぶ
锻炼 duànliàn：トレーニングする
祛除 qūchú：払う
像 xiàng ～ 一样 yīyàng：～のようだ、～と同じようだ
祭神 jì shén：神を祀る
撒 sǎ：撒く
意义 yìyì：意味

据说 jùshuō：～だそうだ
污秽 wūhuì：けがれ
作用 zuòyòng：役割
净化 jìnghuà：浄化する
端来 duānlái：(両手または片手で水平に保つように)持ってくる
看起来 kànqilai：見たところ
似乎 sìhū：～のようだ
品尝 pǐncháng：味わう
相扑什锦火锅 xiāngpū shíjǐn huǒguō：ちゃんこ鍋。直訳は「相撲の五目鍋」。

▶ 説明のポイント

"咚 dōng"は擬音語で「(足音などの)ドン」という音を表す。擬音語の表し方は日本語と中国語でずいぶん違う。以下の中国語の擬音語が、日本語のどれに相当するか選んでみよう。

① **啊嚏** ātì　② **哗哗** huāhuā　③ **喔喔** wōwō　④ **知了知了** zhīliǎo zhīliǎo
⑤ **咕嘟咕嘟** gūdū gūdū

(a) ゴクゴク(水を飲む音)　(b) コケコッコー(鶏の鳴き声)　(c) ミーンミーン、ジージー(セミの声)　(d) ザーザー(雨の音)　(e) ハクション(くしゃみ)

【答え】① e　② d　③ b　④ c　⑤ a

くしゃみの音が"**啊嚏** ātì"となるのも面白いが、「ザーザー」という強い雨の音や「ゴーゴー」という激しい滝の音も、中国語では"**哗哗** huāhuā"となるから面白い。セミの鳴き声は"**知了知了**"と表されるので、セミは「物知り」とされている。

Part2　2. 観光案内をする

▶応用フレーズ

(1) 花火は邪気を払うという意味を持っているそうです。
　　据说焰火有驱邪的意义。
　　Jùshuō yànhuǒ yǒu qūxié de yìyì.

　　このお茶には体を温める効果があるそうです。
　　这茶据说有暖身的功效。
　　Zhè chá jùshuō yǒu nuǎn shēn de gōngxiào.

(2) 塩をまいて家の環境を清めます。
　　用撒盐来净化家里的环境。
　　Yòng sǎ yán lái jìnghuà jiāli de huánjìng.

　　神社ではひしゃくで手を洗って体を清めます。
　　神社用勺洗手来清除身体的污秽之气。
　　Shénshè yòng sháo xǐ shǒu lái qīngchú shēntǐ de wūhuì zhī qì.

▌通訳案内のワンポイントコラム　相撲の動作の表現

相撲の動作の表現を覚えよう。
両手を土俵につく：**两手放在土俵上** liǎng shǒu fàngzài tǔbiàoshang
相手のまわしをつかむ：**抓住对方的腰带** zhuāzhù duìfāng de yāodài
相手を土俵の外に押し出す：**将对方推出土俵之外** jiāng duìfāng tuīchu tǔbiào zhī wài
相手を投げとばす：**将对方甩出去** jiāng duìfāng shuǎichuqu
相手を両手で突く：**用手推对方** yòng shǒu tuī duìfāng

▶富士山が見えない！

TRACK 20

箱根の芦ノ湖にやってきた葉 (Yè) さんたち。天候にめぐまれ、船の上からの美しい景色に大喜び。でもガイドブックの写真にある富士山が見えません。

叶： 富士山 去 哪里 了 呢?
　　 Fùshìshān qù nǎli le ne?

田中：富士山里 供奉着 一 位 被 称为 "木花咲耶姬"的 美丽
　　　Fùshìshānli gòngfèngzhe yí wèi bèi chēngwéi "Mùhuāxiàoyējī" de měilì
　　　的 仙女，她 非常 害羞，所以 有 客人 来 的 时候 就 会
　　　de xiānnǚ, tā fēicháng hàixiū, suǒyǐ yǒu kèren lái de shíhou jiù huì
　　　藏起来。
　　　cángqilai.

叶： 那 还 真 拿 这 位 神仙 没 办法。
　　 Nà hái zhēn ná zhè wèi shénxiān méi bànfǎ.

田中：是 的。不过 刚才 那 是 开了 个 玩笑，其实 像 现在
　　　Shì de. Búguò gāngcái nà shì kāile ge wánxiào, qíshí xiàng xiànzài
　　　这样 从 春天 到 夏天，这 一带 会 升起 雾气，因此 就
　　　zhèyàng cóng Chūntiān dào xiàtiān, zhè yídài huì shēngqi wùqì, yīncǐ jiù
　　　看不清楚 富士山 了。
　　　kànbuqīngchu Fùshìshān le.

叶： 那 春夏 以外 能 看到 吗?
　　 Nà chūnxià yǐwài néng kàndào ma?

田中：空气 变 干燥了 就 能 看清楚 了。尤其 是 在 冬天，从
　　　Kōngqì biàn gānzàole jiù néng kānqīngchu le. Yóuqí shì zài dōngtiān, cóng
　　　东京 都 能 看得 一 清 二 楚。
　　　Dōngjīng dōu néng kànde yì qīng èr chǔ.

叶： 到了 冬季 神仙 的 性格 都 变 了 呢。
　　 Dàole dōngjì shénxiān de xìnggé dōu biàn le ne.

田中：是 的。那 时 会 变得 十分 开朗，每天 都 能 让 我们
　　　Shì de. Nà shí huì biànde shífēn kāilǎng, měitiān dōu néng ràng wǒmen
　　　见到 她。
　　　jiàndào tā.

▷看不见富士山！
Kànbujiàn Fùshìshān!

葉　富士山はどこに行っちゃったんですか？

田中　富士山には「木花咲耶姫（このはなさくやひめ）」という美しい女神様が祀られているんですが、とても恥ずかしがりやの神様で、お客様が来ると隠れてしまうんです。

葉　それは困った神様ですね。

田中　はい。というのは冗談なんですが、実は今のように春から夏にかけては、この一帯は霧が立ち、富士山は見えにくくなってしまうんです。

葉　春や夏以外は見えるんですか？

田中　空気が乾燥してくると見えやすくなります。特に冬は東京からでもとてもきれいに見えます。

葉　冬になると神様の性格が変わるんですね。

田中　はい。とても活発な性格になって毎日でもお顔を見せてくれます。

▶ 単語＆表現

供奉 gòngfèng：祀る
害羞 hàixiū：恥ずかしがる
藏 cáng：隠れる
拿 ná ～ 没办法 méi bànfǎ：～に対してはどうにもならない・手がない
神仙 shénxiān：神様
开玩笑 kāi wánxiào：冗談を言う

升雾气 shēng wùqì：霧が立ち上る
变 biàn：～になる、変わる
干燥 gānzào：乾燥している
尤其 yóuqí：とりわけ
一清二楚 yī qīng èr chǔ：はっきりしている
开朗 kāilǎng：ほがらかである

▶ 説明のポイント

1. "拿"には介詞として「処置する対象を導く」用法もある。その場合、"把"(〜を) や"对"(〜に対して) と同じ意味になる。

   例：**怎么拿我出气**！ Zěnme ná wǒ chūqì!
   (どうして私に八つ当たりするの！)
   说什么她都不听，真拿她没办法。 Shuō shénme tā dōu bù tīng, zhēn ná tā méibànfǎ.
   (何を言っても聞いてくれない。まったく彼女にはお手上げだ)

2. "**看不清楚**"は"**看清楚**"(見てはっきりする) という「動詞＋結果補語」の構造に"不"が割り込んで「はっきり見えない」となった表現。このように「動詞＋結果補語」あるいは「動詞＋方向補語」の間に"不"や"得"が割り込んで「〜できない」「〜できる」という意味を持つものを可能補語と呼ぶ。多くは"不"の割り込みによる否定形が使われ、肯定形はあまり使われない。

3. 「神様」を表す言葉にはいろいろある。"**老天爷** lǎotiānyé"と言うと日本語の「お天道様」という感覚に近い。"**上帝** shàngdì"は「キリスト教の神様、エホバの神」。"**神** shén"は単独では使われず、熟語の一部として使われる。
   例：**用兵如神** yòng bīng rú shén (兵を使うこと神のごとし)
   "**女神** nǚshén"は「女神様」。日本語の「八百万(やおよろず)の神様」としては"**神明** shénmíng"や"**神仙** shénxiān"が使われる。
   また、英語の Oh! My God!(なんてこった) にあたる"**我的老天爷**！ Wǒ de lǎotiānyé!"や"**我的天**！ Wǒ de tiān!"といった言い方もある。

Part2 2.観光案内をする

▶応用フレーズ

(1) 日光東照宮には徳川家康が祀られている。

日光东照宫里供奉着德川家康。
Rìguāng dōngzhàogōng li gòngfèngzhe Déchuān Jiākāng.

明治神宮には明治天皇が祀られている。

明治神宫里供奉着明治天皇。
Míngzhì shéngōng li gòngfèngzhe Míngzhì tiānhuáng.

天満宮には菅原道真が祀られている。

天满宫里供奉着菅原道真。
Tiānmǎngōngli gòngfèngzhe Jiānyuán Dàozhēn.

(2) この雨にはまったくお手上げだ。

还真拿这雨没办法。
Hái zhēn ná zhè yǔ méi bànfǎ.

この暑さにはまったくお手上げだ。

还真拿这热天没办法。
Hái zhēn ná zhè rètiān méi bànfǎ.

満員電車にはお手上げです。

还真拿这人满为患的电车没辙。
Hái zhēn ná zhè rén mǎn wéihuàn de diànchē méi zhé.

*没辙 méi zhé 方法がない（≒没办法）

▶通訳案内のワンポイントコラム　中国語のジョーク

　本文では、富士山が見えないことについてちょっとしたジョークを言っているが、中国人もさらっといろんな冗談を言う。
　食後に白い粉薬を飲んでいた人に「何のお薬ですか？」と聞くと、"白粉 báifěn"と一言。「えっ！」と声を上げると「胃薬だよ」。"白粉"は「ヘロイン」のこと。
　また、旅行の日程最後の日に"今天是各位最后的一天。Jīntiān shì gèwèi zuìhòu de yì tiān."(今日は皆さまの最後の日です) と言うと、どよめきが。幸い笑ってくれたが、飛行機に乗る前に言うべき言葉ではなかった…。

▷渋谷のスクランブル交差点を上から眺めてみた　TRACK 21

魯 (Lǔ) さんは都内観光で渋谷にやってきました。駅前の喫茶店で一休みすると、眼下にスクランブル交差点が見えました。

田中： 这个 全向 十字 路口 是 代表 东京 的 风景。这个
Zhège quánxiàng shízì lùkǒu shì dàibiǎo Dōngjīng de fēngjǐng. Zhège
信号 有 4 6 秒,多 的 时候 会 有 三千 多人 在 这
xìnhào yǒu sìshíliù miǎo, duō de shíhou huì yǒu sānqiān duō rén zài zhè
4 6 秒 中 过 马路。路人 互相 都 不 会 撞到 对方
sìshíliù miǎo zhōng guò mǎlù. Lùrén hùxiāng dōu bú huì zhuàngdào duìfāng
的 情景, 据说 对 外国人 来 说 看起来 很 不可思议。
de qíngjǐng, jùshuō duì wàiguórén lái shuō kànqilai hěn bù kě sī yì.

魯： 是啊。从 上面 看 很 有 意思。列队 很 整齐,让 人
Shì ā. Cóng shàngmiàn kàn hěn yǒu yìsi. Lièduì hěn zhěngqí, ràng rén
能 感到 日本 是 个 有 秩序 的 国家。
néng gǎndào Rìběn shì ge yǒu zhìxù de guójiā.

田中： 那个 大厦 叫做 "１０９",里面 有 很 多 面向 年轻
Nàge dàshà jiàozuò "Yāolíngjiǔ", lǐmiàn yǒu hěn duō miànxiàng niánqīng
人 的 服装店。 听说 在 中国 的 年轻 人 之 间 也
rén de fúzhuāngdiàn. Tīngshuō zài Zhōngguó de niánqīng rén zhī jiān yě
很 有 人气。
hěn yǒu rénqì.

魯： 还 有, 这 附近 有 个 "忠犬八公" 的 铜像,是 吧。
Hái yǒu, zhè fùjìn yǒu ge "zhōngquǎn Bāgōng" de tóngxiàng, shì ba.

田中： 是 的。 八公 的 故事 不仅 在 日本,还 在 美国 被 拍成了
Shì de. Bāgōng de gùshi bùjǐn zài Rìběn, hái zài Měiguó bèi pāichéngle
电影。 八公 生于 １９２３ 年,是 秋田犬,据说 在
diànyǐng. Bāgōng shēngyú yījiǔ'èrsān nián, shì qiūtiánquǎn, jùshuō zài
主人 死 后 的 ９ 年 里 每天 都 去 涩谷车站 等 主人
zhǔrén sǐ hòu de jiǔ nián lǐ měitiān dōu qù Sègǔchēzhàn děng zhǔrén
归来。车站 前 的 铜像 是 在 １９４８ 年 时 做成
guīlái. Chēzhàn qián de tóngxiàng shì zài yījiǔsìbā nián shí zuòchéng
的。
de.

Part2　2. 観光案内をする

▷ 从上面看涩谷的全向十字路口
Cóng shàngmiàn kàn Sègǔ de quánxiàng shízì lùkǒu

田中 このスクランブル交差点は、東京を代表する風景です。多い時は3千人くらいの人が、信号が青になっている46秒の間にここを渡りきります。互いにぶつかり合ったりしない様子が、外国人には不思議なものとして映るんだそうです。

魯 なるほど。上から眺めると面白いですね。列に乱れがなくて、日本はやはり秩序の国という感じがします。

田中 あのビルは「109」と言って、若い人向けのファッションのお店がたくさん入っています。中国の若者にも人気があるそうですよ。

魯 それと、この近くには「忠犬ハチ公」という銅像があるんですよね。

田中 はい。ハチ公の話は日本でもアメリカでも映画化されました。ハチ公は1923年生まれの秋田犬で、飼い主が死んだあとの9年間、毎日渋谷駅に通って主人の帰りを待っていたそうです。駅前の銅像は1948年に作られました。

▶ 単語＆表現

全向十字路口 quánxiàng shízì lùkǒu：スクランブル交差点
马路 mǎlù：大通り
互相 hùxiāng：お互いに
撞 zhuàng：ぶつかる
情景 qíngjǐng：情景
看起来 kànqilai：見たところ
列队 lièduì：列
整齐 zhěngqí：整然としている
大厦 dàshà：ビル
面向 miànxiàng～：～に向けた
不仅 bùjǐn～：～だけではない
拍 pāi：撮影する。"拍成电影 pāichéng diànyǐng"で「映画化する」。
归来 guīlái：（よその土地から）帰ってくる

89

▶説明のポイント

1. 「～を代表する」「代表的な」という表現は観光地を案内する際よく使う。

"代表性的 dàibiǎoxìng de" は「代表的な」の意味で使える表現。

例：**樱花是日本具有代表性的花。** Yīnghuā shì Rìběn jùyǒu dàibiǎoxìng de huā.（桜は日本の代表的な花です）

丰田是日本具有代表性的企业。 Fēngtián shì Rìběn jùyǒu dàibiǎoxìng de qǐyè.（トヨタは日本の代表的な企業です）

"说起 shuōqi ～"（～と言えば）という言い方も便利。

例：**说起江户，火灾和吵架曾经很有名。** Shuōqi Jiānghù, huǒzāi hé chǎojià céngjīng hěn yǒumíng.（江戸と言えば、火事とけんかが有名でした）

说起热海的土特产当然还是鱼干了。 Shuōqi Rèhǎi de tǔtèchǎn dāngrán háishi yúgān le.（熱海のおみやげといえば、何といっても魚の干物です）

2. 日本の道を歩く際には、日本では自転車が歩道を走ることが多く、慣れない中国人にとっては危険。

自行车也可在步行道行驶，请注意安全。 Zìxíngchē yě kě zài bùxíngdào xíngshǐ, qǐng zhùyì ānquán.（自転車も歩道を通ってもいいことになっているので、気をつけてください）

などと声をかけよう。

また、「信号で音が鳴るのはなぜか」と尋ねられたこともある。そんな時は

信号灯处发出的声音是为盲人设计的。 Xìnhàodēng chù fāchū de shēngyīn shì wèi mángrén shèjì de.（交通信号のところで鳴る音は、目の不自由な人向けです）

と答えよう。

Part2　2. 観光案内をする

▶応用フレーズ

(1) 東京タワーは東京を代表する風景です。

东京塔是代表东京的风景。
Dōngjīngtǎ shì dàibiǎo Dōngjīng de fēngjǐng.

SMAPは日本を代表するアイドルグループです。

SMAP 是代表日本的偶像组合。
SMAP shì dàibiǎo Rìběn de ǒuxiàng zǔhé.

これは我が社を代表する人気商品です。

这是代表本公司的热销产品。
Zhè shì dàibiǎo běngōngsī de rèxiāo chǎnpǐn.

(2) ムーランの話は中国だけでなくアメリカでも映画化されました。

花木兰的故事不仅在中国，在美国也被拍成了电影。
Huā Mùlán de gùshi bùjǐn zài Zhōngguó, zài Měiguó yě bèi pāichéngle diànyǐng.

『インファナル・アフェア』は香港だけでなくハリウッドでも映画化されました。

《无间道》不仅在香港，在好莱坞也被拍成了电影。
《Wújiàndào》bùjǐn zài Xiānggǎng, zài Hǎoláiwù yě bèi pāichéngle diànyǐng.

この俳優は日本だけでなくアジアの色々な国でも有名です。

这个演员不仅在日本，在亚洲各国也很有名气。
Zhège yǎnyuán bùjǐn zài Rìběn, zài Yàzhōu gè guó yě hěn yǒu míngqi.

▶通訳案内のワンポイントコラム　中国人が驚く日本の交通ルール

　日本では横断歩道を渡る場合、その場からかなり離れたところで車が止まってくれる。中国人はこのような歩行者優先の交通ルールに驚くという。
　中国では車が優先である。「人が優先だ」などと考えて道を渡ったらひかれてしまう。また中国の信号は、存在はするが機能していないことが多い。赤信号の時でも人は渡り、歩行者用の信号が青でも車は通過する。人はみな阿吽の呼吸で大通りを渡る。日本でも、最初は中国と同じ感覚で道を渡ろうとするので、事故に遭わないよう気をつけてあげてほしい。

お寺と神社の違いは？

お寺と神社を参拝した孫（Sūn）さん、お寺が仏教で、神社が神道、それぞれ宗教が異なるとの説明を聞きましたが、いまひとつよくわかりません。

孙： 神道 是 什么样 的 宗教 呢?
Shéndào shì shénmeyàng de zōngjiào ne?

田中： 神道 是 日本 自古 以来 的 宗教，但是 没 有 教祖 和 教义。很 久 以前 日本人 的 祖先 对 太阳、大山、和大海 等 大自然 抱有 敬畏 和 感谢 之 情。从 这里 演变成了 民族 宗教。
Shéndào shì Rìběn zìgǔ yǐlái de zōngjiào, dànshì méi yǒu jiàozǔ hé jiàoyì. Hěn jiǔ yǐqián Rìběnrén de zǔxiān duì tàiyáng, dàshān, hé dàhǎi děng dàzìrán bàoyǒu jìngwèi hé gǎnxiè zhī qíng. Cóng zhèlǐ yǎnbiànchéngle mínzú zōngjiào.

孙： 佛教 的 寺院里 供奉着 释迦摩尼 和 佛祖，神社 也 供奉着 这样 的 神仙 吗?
Fójiào de sìyuànli gòngfèngzhe Shìjiāmóní hé fózǔ, shénshè yě gòngfèngzhe zhèyàng de shénxiān ma?

田中： 是的。神社里 也 供奉着 各种各样 的 神仙。刚才 带去 的 明治 神宫 供奉着 明治 天皇，接下来 我们 要 去 的 东京塔 里面也 有 神社 呢。在 那里 供奉着 最伟大的 "天照大神"，她 是 位 太阳神。
Shì de. Shénshèli yě gòngfèngzhe gè zhǒng gè yàng de shénxiān. Gāngcái dàiqu de Míngzhì shéngōng gòngfèngzhe Míngzhì tiānhuáng, jiēxiàlai wǒmen yào qù de Dōngjīngtǎ lǐmiàn yě yǒu shénshè ne. Zài nàlǐ gòngfèngzhe zuì wěidà de "Tiānzhàodàshén", tā shì wèi tàiyángshén.

孙： 还 有 什么 其他 的 神仙 吗?
Hái yǒu shénme qítā de shénxiān ma?

田中： 山、树木、以及 巨大 的 岩石 等 自然界 之 物 都 被 尊为 神仙。日本人 的 祖先 认为 万物 皆 有 神灵。
Shān, shùmù, yǐjí jùdà de yánshí děng zìránjiè zhī wù dōu bèi zūnwéi shénxiān. Rìběnrén de zǔxiān rènwéi wànwù jiē yǒu shénlíng.

寺院和神社有什么不同？
Sìyuàn hé shénshè yǒu shénme bù tóng?

孫　神道というのはどういう宗教なんですか？

田中　神道は日本古来の宗教ですが、教祖も教義もありません。大昔、日本人の祖先は太陽や山や海など大自然に畏敬や感謝の気持ちを抱きました。これらがやがて民族宗教になりました。

孫　仏教のお寺ではお釈迦様や仏様を祀っていますが、神社でもこのような神様を祀っているんですか？

田中　はい。神社ではたくさんの神様が祀られています。さっき行った明治神宮は明治天皇が祀られていますし、これから行く東京タワーの中にも神社があるんですよ。そこでは「天照大神」という一番偉い神様、太陽神である女神様が祀られています。

孫　ほかにはどんな神様がいるんですか？

田中　山や木、大きな石など大自然も神様として祀られています。日本人の祖先はあらゆるものに神が宿ると考えたんですね。

▶ 単語＆表現

自古以来 zìgǔ yǐlái：昔から
抱有 bàoyǒu：抱く
敬畏 jìngwèi：畏敬する
演变 yǎnbiàn：変遷する、移り変わる。直後の"成"は結果補語で、「～になる」の意。
供奉 gòngfèng：まつる
释迦摩尼 Shìjiāmóní：お釈迦様
佛祖 fózǔ：仏教宗派の開祖（ここでは「仏様」）

各种各样 gè zhǒng gè yàng：様々な
接下来 jiēxialai：続けて
伟大 wěidà：偉大である、立派である
她是位太阳神："她是一位太阳神"のこと。量詞の前の"一"はしばしば省略される。
被尊为 bèi zūnwéi～：尊ばれて～となる。"为"は「(変化して)～になる」。
万物皆有神灵 wànwù jiē yǒu shénlíng：万物に神が宿る

▶ 説明のポイント

1. 「昔」を中国語で表す際は、本文で出てきた"**自古以来** zìgǔ yǐlái"（昔から）、"**很久以前** hěn jiǔ yǐqián"（大昔に）という言い方や、"**从前** cóngqián"（以前）、"**往昔** wǎngxī"（昔）といった表現が使われる。

例：**很久很久以前有个地方住着一个老爷爷和一个老奶奶。**Hěn jiǔ hěn jiǔ yǐqián yǒu ge dìfang zhùzhe yí ge lǎoyéye hé yí ge lǎonǎinai.（昔々ある所にお爺さんとお婆さんがいました）

从前这里就是住宅区。Cóngqián zhèli jiù shì zhùzháiqū.（昔からこの辺は住宅地だった）

十年就称为往昔。Shí nián jiù chēngwéi wǎngxī.（十年ひと昔と言います）

「昔の人」は"**古人** gǔrén"。

例：**古人重情重义。**Gǔrén zhòng qíng zhòng yì.（昔の人は義理堅い）

2. 神社に参拝した際には、ぜひ拝礼の仕方を中国語で説明したい。
一般的な作法としては、まずは「縄を引っ張って鈴を鳴らす」"**拉绳子摇响铃铛** lā shéngzi yáoxiǎng língdang"。

次に、拝礼は「二礼二拍手一礼」"**拜两次拍两次手再拜一次** bài liǎng cì pāi liǎng cì shǒu zài bài yí cì"などと説明する。

拝礼の際に願い事をする場合には、次のような言い方を紹介してみよう。

「家族みな健康でありますように」
希望家人身体康健。Xīwàng jiārén shēntǐ kāngjiàn.

「今年一年家族が無事に過ごせますように」
希望今年一年家人无病无灾。Xīwàng jīnnián yì nián jiārén wú bìng wú zāi.

「仕事が順調でありますように」
希望工作一帆风顺。Xīwàng gōngzuò yì fān fēng shùn.

Part2 2. 観光案内をする

▶ 応用フレーズ

(1) 宮中の行事がやがて現在の大相撲になりました。

宫中的活动演变成了如今的大相扑。
Gōngzhōng de huódòng yǎnbiànchéngle rújīn de dàxiāngpū.

阿国という女性の踊りがやがて歌舞伎になりました。

名为阿国的女性的舞蹈表演变成了歌舞伎。
Míng wéi Āguó de nǚxìng de wǔdǎo biǎoyǎn biànchéngle gēwǔjì.

コミックマーケットはやがて一大イベントになりました。

同人展销会演变成了一场盛大的活动。
Tóngrén zhǎnxiāohuì yǎnbiànchéngle yì chǎng shèngdà de huódòng.

(2) これから東京スカイツリーに行きます。

接下来我们要去东京晴空塔。
Jiēxialai wǒmen yào qù Dōngjīng qíngkōngtǎ.
＊東京スカイツリーの現在の公式の名称は"**东京晴空塔** Dōngjīng qíngkōngtǎ"。
当初から使われた名称は"**东京天空树** Dōngjīng tiānkōngshù"。

これから一旦ホテルに向かって荷物を預けましょう。

接下来我们先去一趟宾馆放行李。
Jiēxialai wǒmen xiān qù yí tàng bīnguǎn fàng xíngli.

これからカフェに入って少し休憩しましょう。

接下来我们先进咖啡厅稍作休息吧。
Jiēxialai wǒmen xiān jìn kāfēitīng shāo zuò xiūxi ba.

▶防災館に行ってみた

曹 (Cáo) さんは、地震を体験できると聞いて、防災館に行ってみることにしました。地震体験室以外にも、いろいろな災害を疑似体験できるコーナーがあり、災害に遭った時のためにとても役立ちそうな場所です。

铃木： 首先 在这个 屋子里 体验 震度 6 的 地震 吧。
Shǒuxiān zài zhège wūzili tǐyàn zhèndù liù de dìzhèn ba.

曹： 震度 6 是和 东 日本 大地震 时 一样, 是 吗?
Zhèndù liù shì hé Dōng Rìběn dàdìzhèn shí yíyàng, shì ma?

铃木： 是的。 听说 当时 有的 地方 震度 达到了 7。排队 的 人 真 多啊, 还有 外国人 呢。
Shì de. Tīngshuō dāngshí yǒude dìfang zhèndù dádàole qī. Páiduì de rén zhēn duō a, hái yǒu wàiguórén ne.

曹： 看来 大家 都 想 体验 一下 震度 6 啊。
Kànlái dàjiā dōu xiǎng tǐyàn yíxià zhèndù liù a.

铃木： 到 我们 了。开始 震 后 请 躲到 椅子 下, 主管 人员 这么 说 的。
Dào wǒmen le. Kāishǐ zhèn hòu qǐng duǒdào yǐzi xià, zhǔguǎn rényuán zhème shuō de.

曹： 哇, 好 摇 啊! 根本 站不稳。我 好像 听到了 茶碗 或 是 玻璃 碎 的 声音。
Wā, hǎo yáo a! Gēnběn zhànbuwěn. Wǒ hǎoxiàng tīngdàole cháwǎn huò shì bōli suì de shēngyīn.

铃木： 他们 说 那 是 录音。终于 停下来 了。 我们 只 体验了 1 分 多, 东 日本 大地震 时 这个 强度 震了 6 分 钟。
Tāmen shuō nà shì lùyīn. Zhōngyú tíngxialai le. Wǒmen zhǐ tǐyànle yì fēn duō, Dōng Rìběn dàdìzhèn shí zhège qiángdù zhènle liù fēn zhōng.

曹： 1 分 钟 的 震动 就 很 恐怖 了! 震度 6 有多 摇 我 算是 明白 了。
Yì fēn zhōng de zhèndòng jiù hěn kǒngbù le! Zhèndù liù yǒu duō yáo wǒ suànshì míngbai le.

Part2　2. 観光案内をする

▷去参观了防灾馆
Qù cānguānle fángzāiguǎn

鈴木　まずこの部屋で震度6の地震を体験してみましょう。

曹　震度6というと、東日本大地震の時と同じですか？

鈴木　はい。震度7の場所もあったそうです。ずいぶんたくさんの人が並んでいますね。外国人もいますよ。

曹　みな、震度6がどのくらい揺れるのか体験してみたいんでしょう。

鈴木　私たちの番がきました。揺れ始めたら机の下に隠れてください、と係の人が言っています。

曹　うわー、すごい！　とても立っていられません。茶碗やガラスが割れる音がしますよ。

鈴木　これは録音だそうです。やっと停まりました。まだ1分くらいしか経っていませんが、東日本大地震の時はこの揺れが6分間続いたそうです。

曹　1分でもすごく怖かった！　震度6がどのくらいの揺れなのかよくわかりました。

▶単語＆表現

看来 kànlái：見たところ
到 dào～**了** le：～になった、～に到達した。"**到我们了**"で「(順番が)私たちのところに来た」。
躲到 duǒdào～：～に隠れる
主管人员 zhǔguǎn rényuán：係員
摇 yáo：揺れる。"**多摇** duō yáo"で「どれほど揺れるのか」。

根本 gēnběn：まったく
站不稳 zhànbuwěn：しっかり立っていられない。可能補語の否定の形。
玻璃 bōli：ガラス
碎 suì：砕ける
恐怖 kǒngbù：怖い、恐ろしい
算是 suànshì：どうやら。"**算**～"で「～と見なす、～と言える」の意。

▶説明のポイント

1. 日本語の「経験」と中国語の"经验"は必ずしも対応しない。"经验"が名詞で使われる場合は"**经验丰富的导游** jīngyàn fēngfù de dǎoyóu"(経験豊富なガイド)、"**工匠还是要看经验**。Gōngjiàng háishi yào kàn jīngyàn."(職人は経験がものを言う)のように「経験によって得た知識や技術」という意味で使われることが多い。

「〜したことがある」の意味では、"動詞+过"を用いるのが普通。
例:您经历过地震吗? Nín jīnglìguo dìzhèn ma?
　　(地震に遭遇した経験はありますか?)

2. 災害が発生した際には、"**着火了! 快跑!** Zháohuǒ le! Kuài pǎo!"(火事です! すぐ逃げて!)、"**马上逃出去吧**。Mǎshàng táochuqu ba."(すぐ外に逃げましょう)などがとっさの一言として出てくるとよい。

また、地震の際には、まずは
　大家请不要慌张。Dàjiā qǐng búyào huāngzhāng.(皆さん、落ち着いてください)

などと呼びかけ、地震の規模を見ながら、
　蹲下抓住这根柱子。Dūnxia zhuāzhù zhè gēn zhùzi.
　(しゃがんでこの柱につかまりましょう)
　这样的晃动的话就不用惊慌。Zhèyàng de huàngdòng dehuà jiù búyòng jīnghuāng.(このくらいの揺れなら恐がらなくても大丈夫です)

と声をかけられる余裕を持ち合わせたい。

また、津波について知識のない人は多い。海のそばで地震が起きた際には、
　发出了海啸预警。请不要接近海岸。Fāchūle hǎixiào yùjǐng. Qǐng búyào jiējìn hǎi'àn.(津波警報が出ています。海には近づかないでください)
　警报响了。可能会有海啸。Jǐngbào xiǎng le. Kěnéng huì yǒu hǎixiào.(サイレンが鳴っています。津波が来るかもしれません)

などと声をかけよう。

▶ 応用フレーズ

(1) 家屋が倒壊した場所もあったそうです。

听说有的地方房屋倒塌了。
Tīngshuō yǒu de dìfang fángwū dǎotā le.

昨日の夜、停電した地域もあったそうです。

听说昨晚有的地方停电了。
Tīngshuo zuówǎn yǒu de dìfang tíng diàn le.

風速が 30 メートルを超える場所もあったそうです。

听说有的地方风速超过了 30 米。
Tīngshuō yǒu de dìfang fēngsù chāoguòle sānshí mǐ.

(2) PM2.5 がどれほど怖いのかよくわかりました。

PM2.5 有多可怕我算是明白了。
PM2.5 yǒu duō kěpà wǒ suànshì míngbai le.

中国で福原愛がどんなに人気があるかよくわかりました。

我可算明白了在中国福原爱有多受欢迎了。
Wǒ kě suàn míngbaile zài Zhōngguó Fúyuán Ài yǒu duō shòu huānyíng le.

この問題がどれほど重要かを知っていただきたい。

我希望你明白这问题有多重要。
Wǒ xīwàng nǐ míngbai zhè wèntí yǒu duō zhòngyào.

通訳案内のワンポイントコラム　地震が起きたら？

　日本に来たばかりの中国人はちょっとした揺れにも敏感だ。特に311以後は、少し揺れるとあの大地震の惨状が連想されるようで大騒ぎになったりする。そうした時にはぜひ適切な対応を心がけたい。

　311の日に、都庁の展望台で個人客を案内していたあるガイドは、その時のことについて「とにかくお客様に怪我がないようにと必死でした」と言う。「揺れが収まったあと無事お見送りしてほっとしましたが、その後の交通の大混乱を知って、そこまで見通して声をかけるなり、ついて行くなりすべきだったと後悔しました」とのこと。この精神こそまさにガイドをめざす者が心に刻むべきお手本だろう。

北海道でスキーを楽しむ

庄 (Zhuāng) さん一家はスキーと温泉を楽しみに北海道ニセコにやってきました。新千歳空港から、ホテルの車でスキー場に直行です。

铃木：离入住 时间 还 有 一会儿, 不如 把 行李 寄存 一下, 直接 去
　　　Lí rùzhù shíjiān hái yǒu yíhuìr, bùrú bǎ xíngli jìcún yíxià, zhíjiē qù
　　　滑雪 吧?
　　　huáxuě ba?

庄：　滑雪服 和 滑雪 的 道具 都 是 可以 租 的 吧?
　　　Huáxuěfú hé huáxuě de dàojù dōu shì kěyǐ zū de ba?

铃木：是 的。
　　　Shì de.

庄：　我 家 孩子 这 是 第 一 次 滑雪, 不会 有 问题 吧?
　　　Wǒ jiā háizi zhè shì dì yī cì huáxuě, bú huì yǒu wèntí ba?

铃木：您 可以 找 一 个 教练。据说 那里 有 会 汉语 或者 英语
　　　Nín kěyǐ zhǎo yí ge jiàoliàn. Jùshuō nàli yǒu huì Hànyǔ huòzhě Yīngyǔ
　　　的 教练。
　　　de jiàoliàn.

庄：　那 太 好 了。我 家 孩子 正在 学 英语, 刚好 可以 让
　　　Nà tài hǎo le. Wǒ jiā háizi zhèngzài xué Yīngyǔ, gānghǎo kěyǐ ràng
　　　教练 用 英语 教。
　　　jiàoliàn yòng Yīngyǔ jiāo.

铃木：那 我 就 先 和 那边 预约 一下。现在 我们 去 滑雪场
　　　Nà wǒ jiù xiān hé nàbiān yùyuē yíxià. Xiànzài wǒmen qù huáxuěchǎng
　　　吧。出了 酒店 很 快 就 到。
　　　ba. Chūle jiǔdiàn hěn kuài jiù dào.

庄：　啊, 景色 真 美! 那 就 是 羊蹄山 吧? 雪 很 干爽, 特别
　　　À, jǐngsè zhēn měi! Nà jiù shì Yángtíshān ba? Xuě hěn gānshuǎng, tèbié
　　　地 轻。这 就 是 有名 的 新雪谷 的 粉雪 吧。
　　　de qīng. Zhè jiù shì yǒumíng de Xīnxuěgǔ de fěnxuě ba.

▷在北海道享受滑雪
Zài Běihǎidào xiǎngshòu huáxuě

鈴木 チェックインまでは少し時間がありますから、荷物を預かってもらってさっそくスキーに行きましょうか。

庄 スキーウエアも道具もみんな借りることができるんですよね。

鈴木 はい。

庄 うちの子はスキーは初めてなんですが、大丈夫かしら？

鈴木 コーチを頼むことができます。中国語や英語ができるコーチもいるそうですよ。

庄 それは良かった。うちの子は英語を習っているので英語で教えてもらいたいわ。

鈴木 それではホテル側に頼んでおきます。ではゲレンデに出ましょう。ホテルを出るとすぐゲレンデです。

庄 まあ、すばらしい景色！ あれが羊蹄山ですね。雪もサラサラしてとっても軽い。これが有名なニセコの粉雪ね。

▶ 単語＆表現

入住时间 rùzhù shíjiān：チェックインの時間
不如 bùrú～：～したほうがいい
寄存 jìcún：預ける
滑雪 huáxuě：スキー
租 zū：（有料で）貸す、（有料で）借りる
教练 jiàoliàn：コーチ

刚好 gānghǎo：折よく
预约 yùyuē：予約する。"和那边预约"は「向こう側（＝ホテル側）に予約しておく、申し込んでおく」。
干爽 gānshuǎng：からっとしている
新雪谷 Xīnxuěgǔ：ニセコ

▶ 説明のポイント

1. "您可以找一个教练"（コーチを探してはどうですか）の"可以"は「助言、提案」を表す。こうした助言、提案を意味する言い方にはほかにも"劝 quàn＋人＋動詞（句）"（人に〜することを勧める）、"最好 zuìhǎo 〜"（〜するとよい）などがある。

例：我劝你找一个教练。Wǒ quàn nǐ zhǎo yí ge jiàoliàn.
（コーチを探すことを勧めます）
我希望你找一个教练。Wǒ xīwàng nǐ zhǎo yí ge jiàoliàn.
（コーチを探すといいと思います）
你最好找一个教练。Nǐ zuìhǎo zhǎo yí ge jiàoliàn.
（コーチを探すといいですよ）
你还是找一个教练好了。Nǐ háishi zhǎo yí ge jiàoliàn hǎo le.
（コーチを探したらいいですよ）

2. スキー関連の用語を覚えよう。
スキー：滑雪 huáxuě
スノーボード：单板滑雪 dānbǎn huáxuě

スキー用具に関する表現
スキー板：滑雪板 huáxuěbǎn
スキーストック：滑雪杆 huáxuěgān
スキーブーツ：滑雪靴 huáxuěxuē
スキー用ゴーグル：滑雪眼镜 huáxuě yǎnjìng
スキーリフト：升降椅 shēngjiàngyǐ／升降梯 shēngjiàngtī

動作に関する表現
ターン：转弯 zhuǎnwān
　スキー場でおなじみの「両足を八の字にする」は"双脚成为八字形 shuāngjiǎo chéngwéi bāzìxíng"と言う。

▶ 応用フレーズ

(1) チェックアウトまでは少し時間があります。

　　离退房时间还有一会儿。
　　Lí tuìfáng shíjiān hái yǒu yíhuìr.

　　出発までは少し時間があります。

　　离出发时间还有一会儿。
　　Lí chūfā shíjiān hái yǒu yíhuìr.

　　約束の時間までは 30 分あります。

　　离说好的时间还有 30 分钟。
　　Lí shuōhǎo de shíjiān hái yǒu sānshí fēn zhōng.

(2) 荷物をここに置いたほうがいいです。

　　不如把行李放在这儿。
　　Bùrú bǎ xíngli fàngzài zhèr.

　　ハンドバッグは自分で持っていったほうがいいです。

　　不如把小提包自己带走。
　　Bùrú bǎ xiǎotíbāo zìjǐ dàizǒu.

　　スーツケースは預けたほうがいいです。

　　不如把大行李寄存一下。
　　Bùrú bǎ dàxíngli jìcún yíxià.

▷浅草観光

今日は定番の浅草観光です。バスの中で鈴木さんがマイクを持ち、降りる前にざっと説明します。

鈴木：在 浅草寺 前 的 参道上 有 很 多 土特产店。在 参拜
　　　Zài Qiǎncǎosì qián de cāndàoshang yǒu hěn duō tǔtèchǎndiàn. Zài cānbài
　　　之后 我们 预留了 30 分 钟 的 购物 时间。男性
　　　zhīhòu wǒmen yùliúle sānshí fēn zhōng de gòuwù shíjiān. Nánxìng
　　　朋友 可能 3 分 钟 就 够 了，而 女性 朋友 可能 3
　　　péngyou kěnéng sān fēn zhōng jiù gòu le, ér nǚxìng péngyou kěnéng sān
　　　小时 都 不 够，于是 我们 折中 取了 30 分 钟。
　　　xiǎoshí dōu bú gòu, yúshì wǒmen zhézhōng qǔle sānshí fēn zhōng.

游客：据说 浅草寺里 有 一 个 很 大 的 香炉，这个 香炉 的 烟 对
　　　Jùshuō Qiǎncǎosìli yǒu yí ge hěn dà de xiānglú, zhège xiānglú de yān duì
　　　身体 很 好。
　　　shēntǐ hěn hǎo.

鈴木：没 错。各位 身上 如果 有 不 适 的 地方 可以 用 烟 熏
　　　Méi cuò. Gèwèi shēnshang rúguǒ yǒu bú shì de dìfang kěyǐ yòng yān xūn
　　　一下，据说 有效。另外， 女性 朋友 如果 用 烟 熏 一下
　　　yíxià, jùshuō yǒuxiào. Lìngwài, nǚxìng péngyǒu rúguǒ yòng yān xūn yíxià
　　　脸 的话 就 会 变得 更加 美丽 呢。
　　　liǎn dehuà jiù huì biànde gèngjiā měilì ne.

游客：这里 可以 求签 吗?
　　　Zhèlǐ kěyǐ qiúqiān ma?

鈴木：是 的，但是 有 一点 需要 注意：这里 的 签里 凶 特别 多。
　　　Shì de, dànshì yǒu yìdiǎn xūyào zhùyì: zhèlǐ de qiānli xiōng tèbié duō.

游客：那 还是 不 要 求了 比较 好 吧?
　　　Nà háishì bú yào qiúle bǐjiào hǎo ba?

鈴木：不必 担心。如果 抽到了 凶，可以 把 签纸 系在 旁边 的
　　　Búbì dānxīn. Rúguǒ chōudàole xiōng, kěyǐ bǎ qiānzhǐ jìzài pángbiān de
　　　树枝上， 这样 噩运 就 不 会 追过来 了。
　　　shùzhīshang, zhèyàng èyùn jiù bú huì zhuīguolai le.

▷ 浅草观光
Qiǎncǎo guānguang

鈴木 浅草寺の前の参道にはたくさんのおみやげ屋さんがあります。参拝したあと、30分の買い物タイムを取っています。男性なら3分あれば十分なんですが、女性は3時間あっても足りません。そこで間を取って30分です。

観光客 このお寺には大きな香炉があって、その煙が体にいいと聞きました。

鈴木 はい。体の不調がある場所に煙をつけてください。元気になるそうです。また女性の方は煙をお顔につけるといっそうきれいになるそうですよ。

観光客 ここではおみくじもひけるんでしょう？

鈴木 はい。ただ一つ注意していただきたいことがあります。ここのおみくじには凶がとても多いんです。

観光客 それではひくのをやめたほうがいいかしら？

鈴木 心配ご無用です。もし凶だったら近くの木の枝などに結んでください。そうすれば凶運はもう追いかけてくることはありません。

▶ 単語＆表現

土特产店 tǔtèchǎndiàn：みやげ物店
预留 yùliú：あらかじめ取っておく
购物 gòuwù：買い物をする
于是 yúshì：そこで
折中 zhézhōng：折衷する
没错 méi cuò：その通り
不适 bú shì：体調がすぐれない

熏 xūn：いぶす
有效 yǒuxiào：効き目がある
求签 qiúqiān：おみくじを引く
签纸 qiānzhǐ：おみくじの紙
系在 jìzài～：～に結びつける
追过来 zhuīguolai：追いかけてくる

▶ 説明のポイント

　中国人と一緒におみくじを引いたら、書いてある内容を中国語に訳してあげよう。定番のものを紹介する。

　まずは良い結果について。
「安心して勉学せよ」**宜将暇日潜向学** yí jiāng xiárì qián xiàngxué
「相場は売れ、大利益あり」**商贾利好行情俏** shānggǔ lìhǎo hángqíng qiào

　忠告について。
「旅行は吉日を選べ」**谨慎出行择吉日** jǐnshèn chūxíng zé jírì
「買うのは損、控えよ」**控制购入避损失** kòngzhì gòurù bì sǔnshī
「争い事は時を待たねば勝てず」**争胜有期需时日** zhēngshèng yǒu qī xū shírì
「縁談は他人の口舌に惑わされるな」**姻缘岂能随人言** yīnyuán qǐ néng suí rén yán

　悪い内容はちょっと伝えにくいかもしれないが…。
「待ち人来たらず」**久待之人尚未至** jiǔ dài zhī rén shàng wèi zhì
「失物出ず」**遗落之物暂无踪** yíluò zhī wù zàn wú zōng
「いろいろさわりあり」**前路险阻总重重** qiánlù xiǎnzǔ zǒng chóngchóng

　悪い結果が出た場合には、本文にあったように「木の枝に結べば大丈夫」と言って安心させてあげることもお忘れなく。

Part2 2. 観光案内をする

▶ 応用フレーズ

(1) 明日はチェックアウトのあと、半日市内観光の時間があります。

在明天退房之后，我们预留了半天参观市内的时间。
Zài míngtiān tuìfáng zhīhòu, wǒmen yùliúle bàntiān cānguān shìnèi de shíjiān.

お昼ご飯の前に、2時間自由行動の時間があります。

在吃午饭之前，我们预留了2小时的自由活动时间。
Zài chī wǔfàn zhīqián, wǒmen yùliúle liǎng xiǎoshí de zìyóu huódòng shíjiān.

返事をするまでにあと1週間考える時間があります。

在回复之前，您有一周时间考虑。
Zài huífù zhīqián, nín yǒu yì zhōu shíjiān kǎolǜ.

(2) 旬の食材を食べるといっそう健康になりますよ。

如果吃应季的食材您就会变得更加健康。
Rúguǒ chī yìng jì de shícái nín jiù huì biànde gèngjiā jiànkāng.

この温泉に入るといっそう肌がきれいになりますよ。

如果泡这个温泉皮肤会变得更好。
Rúguǒ pào zhège wēnquán pífū huì biànde gèng hǎo.

▶ 通訳案内のワンポイントコラム　中国の「おみやげ」

「おみやげ」の訳として本文では"**土特产** tǔtèchǎn"を使っているが、ほかに"**土产** tǔchǎn"（その土地の特産品）、"**特产** tèchǎn"（特産品）、"**纪念品** jìniànpǐn"（記念品）、"**礼物** lǐwù"（プレゼント）なども「おみやげ」の訳として使える。
ちなみに中国人も日本人と同様、旅行に出かけると家族や親族、上司や友人におみやげを買って帰ったりするが、日本のように周囲に配るためにちょっとしたものを必ず買って帰るという習慣は聞かない。

▷ 2020年東京オリンピック

TRACK 26

国立代々木競技場の前を通った謝 (xiè) さん、建物の形の面白さに思わずカメラを向けます。

谢: 这个 场所 是干 什么 用 的?
Zhège chǎngsuǒ shì gàn shénme yòng de?

铃木: 这里 是 国立 代代木 竞技场。1964 年 的 东京
Zhèli shì Guólì Dàidàimù jìngjìchǎng. Yījiǔliùsì nián de Dōngjīng
奥林匹克 时 建立 的。设计 这里 的 是 日本 有名 的 建筑家
Àolínpǐkè shí jiànlì de. Shèjì zhèli de shì Rìběn yǒumíng de jiànzhùjiā
丹下 健三, 他 还 设计了 东京都 政府 大楼。
Dānxià Jiànsān, tā hái shèjìle Dōngjīngdū zhèngfǔ dàlóu.

谢: 那么 这 次 的 奥林匹克 也 会 使用 这里 吗?
Nàme zhè cì de Àolínpǐkè yě huì shǐyòng zhèli ma?

铃木: 听说 会 在 这里 打 手球。但 主 会场 不 是 这里。
Tīngshuō huì zài zhèli dǎ shǒuqiú. Dàn zhǔ huìchǎng bú shì zhèli.
听说 主 会场 的 设计 很 独特, 大家 都 在 议论。
Tīngshuō zhǔ huìchǎng de shèjì hěn dútè, dàjiā dōu zài yìlùn.

谢: 日本 都 期待 什么 项目?
Rìběn dōu qīdài shénme xiàngmù?

铃木: 体操 和 柔道、游泳、摔跤 之 类 的 吧?
Tǐcāo hé róudào、yóuyǒng、shuāijiāo zhī lèi de ba?

谢: 体操 可以 与 中国 竞争 金牌。
Tǐcāo kěyǐ yǔ Zhōngguó jìngzhēng jīnpái.

铃木: 是 啊。不过 日本 拿 的 奥林匹克 奖牌 数 远 不及 中国。
Shì ā. Búguò Rìběn ná de Àolínpǐkè jiǎngpái shù yuǎn bùjí Zhōngguó.
请 您 一定 要 告诉我 培养出 那么 多 拿 奖牌 的
Qǐng nín yídìng yào gàosu wǒ péiyǎngchu nàme duō ná jiǎngpái de
选手 的 秘诀。
xuǎnshǒu de mìjué.

▷2020年东京奥林匹克
Èrlíng'èrlíng nián Dōngjīng Àolínpǐkè

謝　ここは何をする場所なんですか？

鈴木　ここは国立代々木競技場です。1964年の東京オリンピックの際に作られました。日本の有名な建築家丹下健三の設計です。彼は東京都庁も作りました。

謝　では今度のオリンピックでもここが使われるんですか？

鈴木　ここではハンドボールをやるんだそうですよ。ただ、メイン会場はここではありません。とても斬新なデザインだそうで話題になっています。

謝　日本ではどんな種目が期待されているんですか？

鈴木　体操や柔道、水泳、レスリングなどでしょうか？

謝　体操は中国とトップ争いをしていますね。

鈴木　はい。でもオリンピックのメダル数では中国にはとてもかないません。どうすればメダルを取る選手をあんなに多く育てられるのか、ぜひ秘訣を教えてください。

▶単語＆表現

奥林匹克 Àolínpǐkè：オリンピック。"奥运会 Àoyùnhuì" とも。
建立 jiànlì：建設する
设计 shèjì：設計する、デザインする。日本語の「設計」より使用範囲は広い。
主会场 zhǔ huìchǎng：メイン会場
议论 yìlùn：話題にする、あれこれ取沙汰する。日本語の「議論」よりくだけたニュアンス。
项目 xiàngmù：種目

摔跤 shuāijiāo：レスリング
竞争 jìngzhēng：争う、競い合う
奖牌 jiǎngpái：メダル
远不及 yuǎn bùjí ～：遠く～に及ばない。"远"（遠い）の後ろに"不及"（及ばない、かなわない）をつけて、「遠くて追いつかない」という意味。"远不如"と言っても同じ。
培养 péiyǎng：育てる
秘诀 mìjué：秘訣、コツ

▶ 説明のポイント

"奥林匹克 Àolínpǐkè"(オリンピック)に関する表現を日中で比べてみると楽しい。中国語では外来語がみごとに漢字に訳されている。たとえば「トランポリン」は"蹦床 bèngchuáng"で、直訳すれば「ベッドをピョンピョン跳びはねる」。「カーリング」"冰壶 bīnghhú"は「氷の壺(=カーリング競技で用いられる「ストーン」のこと)」。ほかにもいくつか紹介する。

① 夏季オリンピックの競技名
ハンマー投げ：**链球** liànqiú
フェンシング：**击剑** jījiàn
ウェートリフティング：**举重** jǔzhòng
ボクシング：**拳击** quánjī
アーチェリー：**射箭** shèjiàn
ビーチバレー：**沙滩排球** shātān páiqiú
バドミントン：**羽毛球** yǔmáoqiú
トライアスロン：**铁人三项** tiěrén sānxiàng

〈体操〉
床運動：**自由体操** zìyóu tǐcāo
段違い平行棒：**高低杠** gāodīgàng
吊り輪：**吊环** diàohuán
新体操：**艺术体操** yìshù tǐcāo

〈水泳〉
シンクロナイズドスイミング：**花样游泳** huāyàng yóuyǒng
個人メドレー：**混合泳** hùnhéyǒng

② 冬季オリンピックの競技名
ノルディック複合：**北欧两项** běi'ōu liǎngxiàng
モーグル：**雪上技巧** xuěshàng jìqiǎo
スノーボード：**滑板滑雪** huábǎn huáxuě

③ オリンピックに関する表現
聖火台：**圣火台** shènghuǒtái
表彰式：**发奖仪式** fājiǎng yíshì
ドーピング検査：**药物检查** yàowù jiǎnchá

▶ 応用フレーズ

(1) 伝統的な街並みの美しさでは東京は京都に遠く及びません。
东京传统街道的美远不及京都。
Dōngjīng chuántǒng jiēdào de měi yuǎn bùjí Jīngdū.

私の中国語は山田さんの足元にも及びません。
我的中文远不如山田先生说得好。
Wǒ de Zhōngwén yuǎn bùrú Shāntián xiānsheng shuōde hǎo.

電化製品の品ぞろえではどの地域も秋葉原には負けます。
哪个地方电器的齐全程度都不如秋叶原。
Nǎge dìfang diànqì de qíquán chéngdù dōu bùrú Qiūyèyuán.

(2) どうすれば外国語がマスターできるのか、秘訣を教えてください。
请您一定要告诉我掌握外语的秘诀。
Qǐng nín yídìng yào gàosu wǒ zhǎngwò wàiyǔ de mìjué.

どうすればこんなにおいしく作れるのか、秘訣を教えてください。
请您一定要告诉我把饭煮得这么香的秘诀。
Qǐng nín yídìng yào gàosu wǒ bǎ fàn zhǔde zhème xiāng de mìjué.

太極拳の優雅な身のこなしの秘訣を教えてください。
请您一定要告诉我太极拳优雅身法的秘诀。
Qǐng nín yídìng yào gàosu wǒ tàijíquán yōuyǎ shēnfǎ de mìjué.

▶ 通訳案内のワンポイントコラム　中国語でスポーツ観戦

スポーツ観戦中に使える表現を覚えておこう。
「ナイスシュート！」**好球！** Hǎo qiú!
「これで同点だ！」**这下平局了！** Zhè xià píngjú le!
「逆転だ！」**反败为胜了！** Fǎn bài wéi shèng le!
「惜しい！　もう少しで勝てそうだったのに」
　太可惜了！差一点儿就赢了。 Tài kěxī le! Chà yìdiǎnr jiù yíng le.

▷日本人に人気のスポーツは？

町を歩いていて交通規制に出くわした柴 (Chái) さん。どうやらマラソン大会をやっているようで、大勢の人が見に来ています。

柴： 日本人 喜欢 马拉松? 感觉 这个 运动 不 怎么 起眼, 为
　　 Rìběnrén xǐhuan mǎlāsōng? Gǎnjué zhège yùndòng bù zěnme qǐyǎn, wèi
　　 什么 受 欢迎 呢?
　　 shénme shòu huānyíng ne?

田中： 因为 有 很 多 一般人 也 参加 马拉松, 所以 显得 亲近 吧。
　　 Yīnwei yǒu hěn duō yìbānrén yě cānjiā mǎlāsōng, suǒyǐ xiǎnde qīnjìn ba.
　　 为了 胜利 而 努力 坚持, 战胜 自我 的 这 种 精神 也
　　 Wèile shènglì ér nǔlì jiānchí, zhànshèng zìwǒ de zhè zhǒng jīngshén yě
　　 是 日本人 喜欢 的。还有, 驿传 接力 也 很 受 欢迎。
　　 shì Rìběnrén xǐhuan de. Hái yǒu, yìchuán jiēlì yě hěn shòu huānyíng.

柴： 驿传 接力 是 个 什么 样 的 运动?
　　 Yìchuán jiēlì shì ge shénme yàng de yùndòng?

田中： 与 一个 人 跑完 的 马拉松 不 同, 驿传 接力 采取 的 是
　　 Yǔ yí ge rén pǎowán de mǎlāsōng bù tóng, yìchuán jiēlì cǎiqǔ de shì
　　 接力 形式, 队员 分别 跑 一定 的 区域。这 种 需要
　　 jiēlì xíngshì, duìyuán fēnbié pǎo yídìng de qūyù. Zhè zhǒng xūyào
　　 团队 合作 的 运动 也 是 日本人 很 喜欢 的。
　　 tuánduì hézuò de yùndòng yě shì Rìběnrén hěn xǐhuan de.

柴： 在 日本, 足球 的 魅力 就 在于 团队 合作。
　　 Zài Rìběn, zúqiú de mèilì jiù zàiyú tuánduì hézuò.

田中： 是 的。世界杯 期间 给 日本队 加油, 场面 十分 火热。
　　 Shì de. Shìjièbēi qījiān gěi Rìběnduì jiāyóu, chǎngmiàn shífēn huǒrè.
　　 最近 花样 滑冰 也 很 有 人气。花样 滑冰 舞姿 很
　　 Zuìjìn huāyàng huábīng yě hěn yǒu rénqì. Huāyàng huábīng wǔzī hěn
　　 美, 而且 参加 奥林匹克 的 选手 也 不少, 这 应该 就 是
　　 měi, érqiě cānjiā Àolínpǐkè de xuǎnshǒu yě bù shǎo, zhè yīnggāi jiù shì
　　 花样 滑冰 的 魅力 所在 吧。
　　 huāyàng huábīng de mèilì suǒzài ba.

Part2　2. 観光案内をする

▷日本人喜欢什么运动？
Rìběnrén xǐhuan shénme yùndòng?

柴　日本人はマラソンが好きなんですか？　地味なスポーツのように感じますが、どんなところがいいんでしょう？

田中　マラソンは市民ランナーもいますから、親しみやすいんでしょうね。頑張って耐えて勝利に向かう、自分に打ち勝つ精神も日本人好みです。それから、駅伝も人気があります。

柴　駅伝というのはどんなスポーツですか？

田中　一人で走りきるマラソンと違って、駅伝は数人が一定の区間をリレー式で走ります。チームワークが必要なスポーツで、こういうのも日本人は好きです。

柴　日本ではサッカーの魅力はチームプレイにあるんでしょう。

田中　はい。ワールドカップ期間は、「日本チーム」を応援して、すごく盛り上がります。最近ではフィギュアスケートも人気があります。きれいだし、オリンピックで活躍する選手も多いというのが魅力なんでしょう。

▶ 単語 & 表現

起眼 qǐyǎn：目立つ、見かけがよい
显得 xiǎnde：いかにも～のように見える、～であることが目立つ
亲近 qīnjìn：親しい
坚持 jiānchí：持ちこたえる
战胜 zhànshèng：打ち勝つ
驿传接力 yìchuán jiēlì：駅伝
采取 cǎiqǔ：採用する
接力 jiēlì：リレー

分别 fēnbié：それぞれ
团队合作 tuánduì hézuò：チームワーク
给 gěi ～ 加油 jiāyóu：～を応援する、励ます
场面 chǎngmiàn：その場の様子
火热 huǒrè：熱烈だ
花样滑冰 huāyàng huábīng：フィギュアスケート
所在 suǒzài：～のあるところ

113

▶ 説明のポイント

　中国で人気のスポーツは、バスケットボール、バレーボール、サッカー、卓球など。野球はあまり知られていないが、野球を話題にする時は
「日本では野球は国民的スポーツです」
棒球是日本的全民性体育项目。
Bàngqiú shì Rìběn de quánmínxìng tǐyù xiàngmù.
などと紹介するとよい。
　スポーツ選手としては"**姚明** Yáo Míng"(元アメリカプロバスケットボール選手)、"**刘翔** Liú Xiáng"(元陸上競技選手。アテネオリンピックハードル競技金メダリスト)、"**李娜** Lǐ Nà"(元プロテニス選手)などが有名。
　日本で有名な選手のことを話題にする場合は、
「浅田選手にはぜひ金メダルをとってほしいです」
我希望浅田选手能赢得金牌。
Wǒ xīwàng Qiǎntián xuǎnshǒu néng yíngdé jīnpái.
「水泳の萩野選手には国民みんなが期待しています」
国民们都对萩野游泳选手寄予厚望。
Guómínmen dōu duì Qiūyě yóuyǒng xuǎnshǒu jìyǔ hòuwàng.
「うちの息子も本田選手に憧れてサッカーを始めました」
我儿子因为向往本田选手而开始了足球。
Wǒ érzi yīnwei xiàngwǎng Běntián xuǎnshǒu ér kāishǐle zúqiú.
などと話すと会話が盛り上がるかもしれない。

▶応用フレーズ

(1) この服はちょっと地味だ。

　　感觉这件衣服不怎么起眼。
　　Gǎnjué zhè jiàn yīfu bù zěnme qǐyǎn.

　このビジネスはあまりパッとしない。

　　感觉这个生意不怎么起眼。
　　Gǎnjué zhège shēngyi bù zěnme qǐyǎn.

　この料理は見た目はあまり良くないですが、味はすばらしいです。

　　这道菜也许看起来不怎么样，味道可是绝了。
　　Zhè dào cài yěxǔ kànqilai bù zěnmeyàng, wèidào kěshì jué le.

(2) これがあの男性の魅力なんでしょう。

　　这应该就是那个男人的魅力所在吧。
　　Zhè yīnggāi jiù shì nàge nánrén de mèilì suǒzài ba.

　これが日本庭園の魅力なんでしょう。

　　这应该就是日本庭院的魅力所在吧。
　　Zhè yīnggāi jiù shì Rìběn tíngyuàn de mèilì suǒzài ba.

　これがこの街の人気の秘密なんでしょう。

　　这应该就是这条街人气旺盛的秘密所在吧。
　　Zhè yīnggāi jiù shì zhè tiáo jiē rénqì wàngshèng de mìmì suǒzài ba.

通訳案内のワンポイントコラム　中国の政治家とスポーツ

　中国の政治家たちはなかなかのスポーツ好き。たとえば毛沢東は70代で長江15キロを2時間で泳いだ。海外にまで報道されたがここには権力闘争を生き抜く政治的な思惑もあったそうだ。鄧小平も海で泳ぐのが好きだったという。今の総書記習近平氏も毎日1キロ泳いでいるそうだ。毛沢東の片腕であった周恩来は卓球が好きだったという。

　中国で碁 "围棋 wéiqí" や中国将棋 (シャンチー) "象棋 xiàngqí"、ブリッジ "桥牌 qiáopái" はスポーツに分類されるが、鄧小平はブリッジ好きでも有名だった。2010年中国で行われたアジア大会では、競技種目に囲碁やシャンチーが入っていた。

3.1 買い物をする

购物　Gòuwù

▷「音姫」って何？

家電量販店にウォシュレットを買いに来た楊 (Yáng) さん。「音姫」と書かれたボタンを見て、不思議そうにしています。

杨： 这个 按钮 是 干 什么 的?
Zhège ànniǔ shì gàn shénme de?

店员： 按 一下 会 放出 流水 声。仅仅 有 声音 而已。
Àn yíxià huì fàngchu liúshuǐ shēng. Jǐnjǐn yǒu shēngyīn éryǐ.

杨： 为 什么 要 这个 按钮 呢?
Wèi shénme yào zhège ànniǔ ne?

店员： 是 为了 不 让 别人 听见 自己 方便 时候 的 声音。
Shì wèile bú ràng biérén tīngjiàn zìjǐ fāngbiàn shíhou de shēngyīn.

杨： 日本人 会 在意 这 点 吗?
Rìběnrén huì zàiyì zhè diǎn ma?

店员： 男性 不 在乎, 但是 女性 很 在乎。没 有 这个 按钮 的
Nánxìng bú zàihu, dànshì nǚxìng hěn zàihu. Méi yǒu zhège ànniǔ de
时候, 日本 的 女性 为了 掩盖 声音 就 在 方便 的 时候
shíhou, Rìběn de nǚxìng wèile yǎngài shēngyīn jiù zài fāngbiàn de shíhou
多 冲 一 次 马桶。
duō chōng yí cì mǎtǒng.

杨： 那样 很 浪费 水 啊。
Nàyàng hěn làngfèi shuǐ a.

店员： 是 的。因此 为了 节省 水 就 研制出了 这个 功能。
Shì de. Yīncǐ wèile jiéshěng shuǐ jiù yánzhìchule zhège gōngnéng.

杨： 我 想 中国 的 女性 不 会在乎 这 一点。日本 的 女性
Wǒ xiǎng Zhōngguó de nǚxìng bú huì zàihu zhè yìdiǎn. Rìběn de nǚxìng
很 不 一样 啊。
hěn bù yíyàng a.

▷"音姫"是什么?
"Yīnjī"shì shénme?

楊 このボタンは何ですか?

店員 ここを押すと流水音が流れます。音が流れるだけです。

楊 何のためにあるんですか?

店員 排泄時の音を人に聞かれないようにするためです。

楊 日本人はそんなことを気にするんですか?

店員 男性は気にしないですが、女性はとても気にします。このボタンがなかった時、日本の女性は排泄の音を消すために水を1回多く流していました。

楊 それは水がもったいないですね。

店員 ええ。そこで節水のためにこうした機能が開発されました。

楊 中国の女性はそんなこと気にしないと思いますよ。日本の女性はだいぶ違いますね。

▶ 単語＆表現

按钮 ànniǔ：押しボタン
按 àn：押す
放出流水声 fàngchu liúshuǐ shēng：流水音を流す
仅仅 jǐnjǐn ～ 而已 éryǐ：わずかに～するだけ
方便 fāngbiàn：用を足す（トイレを使うことの婉曲表現）
在意 zàiyì：気にかける。"在乎 zàihu"も同義（⇒説明のポイント2）
掩盖 yǎngài：隠す
冲马桶 chōng mǎtǒng：トイレの水を（勢いよく）流す
因此 yīncǐ：それゆえ、したがって
节省 jiéshěng：節約する
研制 yánzhì：開発する
功能 gōngnéng：機能

► **説明のポイント**

1. "卫洗丽 Wèixǐlì"(ウォシュレット)のほか、中国人観光客に人気の日本家電は"电饭煲 diànfànbāo"(電気炊飯器)、"吹风机 chuīfēngjī"(ドライヤー)、"保温杯 bǎowēnbēi"(保温ボトル)など。
中国人がそれぞれの家電に感じる魅力は

煮出来的米一粒粒都是亮晶晶的。 Zhǔchulai de mǐ yí lìlì dōu shì liàngjīngjīng de.(炊いたお米の一粒一粒がつやつやしている)
能很好的吹干头发而且很柔顺。 Néng hěn hǎo de chuīgān tóufa érqiě hěn róushùn.(髪の毛はしっかり乾き、しかもしなやか)
过一段时间喝到的水也是热乎乎的。 Guò yí duàn shíjiān hēdào de shuǐ yě shì rèhūhū de.(時間が経っても熱いままのお湯が飲める)

などだそうで、このまま宣伝文句に使えそう。

2. "在意"と"在乎"はほぼ同じ意味。いずれも多くは否定形で用いられる。ただ、"不在意"、"没在意"は両方とも使えるが、"不在乎"とは言っても"没在乎"とは言わない。また、"满不在乎 mǎn bù zàihu"(まったく何とも思わない)いう熟語はあるが、"满不在意"という言い方はない。

3. "男 nán""女 nǚ"は単独で使うことはない。後ろに"的 de"をつけて"男的 nánde""女的 nǚde"という。"男人 nánrén""女人 nǚrén"は「大人の男女」。"男人 nánren""女人 nǚren"と後ろを軽声で読むと「夫」「妻」という意味になり、口語で使われる。"男性 nánxìng""女性 nǚxìng"は一般に文書で使われる。

▶ 応用フレーズ

(1) (ここに)手をかざすと水が流れます。

把手盖在上面就会有水流出来。
Bǎ shǒu gàizài shàngmiàn jiù huì yǒu shuǐ liúchulai.

このボタンを押すと座席が倒れます。

按下去这个按钮座位会向后倒。
Ànxiaqu zhège ànniǔ zuòwèi huì xiàng hòu dǎo.

(2) 介護者の仕事を軽減するためにこうした機能が開発されました。

为了减轻护理人员的工作就研制出了这个功能。
Wèile jiǎnqīng hùlǐ rényuán de gōngzuò jiù yánzhìchule zhège gōngnéng.

お客様の利便性のためにこのサービスが生まれました。

为了客人方便就出现了这项服务。
Wèile kèrén fāngbiàn jiù chūxiànle zhè xiàng fúwù.

より多くの観光客に来てもらうためにこの施設が作られました。

为了让更多的游客来访就建了这个设施。
Wèile ràng gèng duō de yóukè láifǎng jiù jiànle zhège shèshī.

通訳案内のワンポイントコラム 「トイレに行く」を何と言う?

"**方便**"は形容詞として「便利な、都合が良い」の意味のほかに「トイレに行く」の婉曲表現としても使われる。"**方便一下** fāngbiàn yíxià" "**方便方便** fāngbiàn fangbian"(どちらも「ちょっとトイレに」の意味)などと使う。同じく婉曲表現として"**解手** jiěshǒu"(トイレに行く)という言い方もある。

日本語で「便所に行く」と言うのはちょっとはばかられるが、同じ意味の"**上厕所** shàng cèsuǒ"はごく一般的に使われる。ただ最近は"**上洗手间** shàng xǐshǒujiān"(洗面所に行く)と言う人も多い。

▷ ドラッグストアで

TRACK 29

帰国前日、おみやげ選びに余念のない徐 (Xú) さん。ドラッグストアで中国語のわかる店員さんに、ほしい商品の場所を教えてもらいます。

店員: 遮盖　毛孔　啫喱 在 这里。无油　卸妆液 和 美肤 面膜 在
　　　Zhēgài máokǒng zhělí zài zhèli. Wúyóu xièzhuāngyè hé měifū miànmó zài
　　　这边。　防水　睫毛膏 在 这个 架子上。
　　　zhèbiān. Fángshuǐ jiémáogāo zài zhège jiàzishang.

徐: 谢谢。我 还　想　买　好多　药。有　抗疲劳 的　眼药水、
　　Xièxie. Wǒ hái xiǎng mǎi hǎoduō yào. Yǒu kàngpíláo de yǎnyàoshuǐ、
　　涂抹式　创可贴、小孩儿 用　退热贴。另外 还 要 有 磁石
　　túmǒshì chuāngkětiē、xiǎoháir yòng tuìrètiē. Lìngwài hái yào yǒu císhí
　　的 治　肩膀痛　的 膏药。
　　de zhì jiānbǎngtòng de gāoyào.

店員: 这 是　眼药水。抗疲劳 的 在 这边。 这边 是 涂抹式
　　　Zhè shì yǎnyàoshuǐ. Kàngpíláo de zài zhèbiān. Zhèbiān shì túmǒshì
　　　创可贴。退热贴 在 这边。这 是 有 磁石 的 膏药。
　　　chuāngkětiē. Tuìrètiē zài zhèbiān. Zhè shì yǒu císhí de gāoyào.

徐: 对了，就 是 这个。亲戚 让 我 买 的。另外 我 听说 这家
　　Duìle, jiù shì zhège. Qīnqi ràng wǒ mǎi de. Lìngwài wǒ tīngshuō zhè jiā
　　店 可以　免税，　能 便宜　多少　呢?
　　diàn kěyǐ miǎnshuì, néng piányi duōshao ne?

店員: 外国　游客 可以　免　消费税，就 是 便宜 百分之 八。
　　　Wàiguó yóukè kěyǐ miǎn xiāofèishuì, jiù shì piányi bǎifēnzhī bā.

徐: 真 不错。能 便宜 不 少 呢。
　　Zhēn búcuò. Néng piányi bù shǎo ne.

店員: 只是　商品　金额　超过　　5001　日元 才 能　免税，
　　　Zhǐshì shāngpǐn jīn'é chāoguò wǔqiān líng yī rìyuán cái néng miǎnshuì,
　　　您 买 的 已经　超过　这个 金额 了。那么 请 到 这边 办理
　　　nín mǎi de yǐjīng chāoguò zhège jīn'é le. Nàme qǐng dào zhèbiān bànlǐ
　　　免税　手续。
　　　miǎnshuì shǒuxù.

▷ 在药妆店里
Zài yàozhuāngdiànli

店員 毛穴が見えなくなるジェルはこちら。ノンオイルのクレンジングリキッドと美肌パックはこちらです。防水マスカラはこの棚にあります。

徐 ありがとう。薬もいろいろ買いたいんです。疲れ目用目薬に、塗るタイプのばんそうこう、子供用の解熱シート。それから磁石を使った肩こり用膏薬。

店員 こちらが目薬です。疲れ目用はここにあります。それからこちらが塗るタイプのばんそうこうです。解熱シートはこちらです。そしてこれが磁石を使った膏薬です。

徐 そうそう、これです。親戚に頼まれたの。ところでこのお店は免税になるって聞いたけど、どのくらい安くなるんですか？

店員 外国人観光客は消費税が免税になります。8% OFF です。

徐 あら嬉しい。けっこう安くなりますね。

店員 ただし免税になるのは5001円以上お買い上げの場合ですが、お客様はこの価格を超えています。ではこちらで免税手続きをしてください。

▶ 単語 & 表現

遮盖 zhēgài：覆い隠す	创可贴 chuāngkětiē：ばんそうこう
毛孔 máokǒng：毛穴	退热贴 tuìrètiē：解熱シート
啫喱 zhělí：ジェル	另外 lìngwài：そのほかに
卸妆液 xièzhuāngyè：クレンジング液	肩膀 jiānbǎng：肩
美肤 měifū：美肌	膏药 gāoyào：膏薬
抗 kàng：抵抗する	亲戚 qīnqi：親戚
涂抹 túmǒ：塗る	办理 bànlǐ：取り扱う、処理する

▶説明のポイント

1. 化粧品の名前の多くは外来語だが、中国語では漢字でその意味を表すほか、時に音も似たものにする工夫をする。本文に出てきた「マスカラ」、「パック」はそれぞれ"**睫毛膏** jiémáogāo"(直訳は「まつげ油」)、"**面膜** miànmó"(直訳は「顔の膜」)。「通訳案内のワンポイントコラム」ではほかの化粧品についても紹介した。

2. 免税について聞かれた際は、基本的な説明ができるようになりたい。

「商品の消費税分8％が免税になります」
　占商品价格8%的消费税可以免税。Zhàn shāngpǐn jiàgé bǎifēnzhī bā de xiāofèishuì kěyǐ miǎnshuì.

免税に必要な条件については、
「免税で買い物ができるのは一時滞在の外国人旅行者だけです」
　可以在购物时免税的只有短期滞留的外国游客。Kěyǐ zài gòuwù shí miǎnshuì de zhǐ yǒu duǎnqī zhìliú de wàiguó yóukè.

「免税で買い物をするにはパスポートの提示が必要です」
　购买免税物品时需要出示护照。Gòumǎi miǎnshuì wùpǐn shí xūyào chūshì hùzhào.

空港で必要な手続きについて説明する場合は
「パスポートに購入記録票を貼るので、出国時に税関に提出してください」
　会在您的护照上贴上有购买记录的小票，请在出境时交给海关。Huì zài nín de hùzhàoshang tiēshang yǒu gòumǎi jìlù de xiǎopiào, qǐng zài chūjìng shí jiāogěi hǎiguān.

Part2　3. 買い物をする

▶応用フレーズ

(1) 夫に写真を撮ってくるよう頼まれました。
>丈夫让我拍照片回来。
>Zhàngfu ràng wǒ pāi zhàopiàn huílai.

その件についてはもう一度考えさせてください。
>这件事请让我再考虑一下。
>Zhè jiàn shì qǐng ràng wǒ zài kǎolǜ yíxià.

別の色を見せてもらえますか。
>能让我看看别的颜色的吗?
>Néng ràng wǒ kànkan bié de yánsè de ma?

(2) こちらでチェックインの手続きをしてください。
>请到这边办理入住手续。
>Qǐng dào zhèbiān bànlǐ rùzhù shǒuxù.

こちらのカウンターで申し込み用紙にご記入ください。
>请到这边的柜台来填写申请表。
>Qǐng dào zhèbiān de guìtái lái tiánxiě shēnqǐngbiǎo.

あちらで列に並んでお待ちください。
>请在那边排队等候。
>Qǐng zài nàbiān páiduì děnghòu.

▶通訳案内のワンポイントコラム　化粧品の中国語

以下の中国語は化粧品の名前だが、何を指しているだろうか？
① 粉底 fěndǐ　② 眼影 yǎnyǐng　③ 唇膏 chúngāo　④ 唇彩 chúncǎi
⑤ 腮红 sāihóng　⑥ 指甲油 zhǐjiayóu　⑦ 眼霜 yǎnshuāng
【答え】① ファンデーション　② アイシャドー　③ 口紅　④ リップグロス
⑤ 頬紅 (チーク)　⑥ マニキュア　⑦ アイクリーム
「口紅」は"口红 kǒuhóng"とも。「リップグロス」は「唇の彩り」。「マニキュア」、「アイクリーム」、「パック」はそれぞれ「爪の油」、「目のクリーム」、「顔の膜」という意味。

▷日本の茶碗

おみやげ屋さんで笠間焼の茶碗を手に取った唐 (Táng) さん。中国にはないタイプの、分厚くて素朴な風合いの茶碗を気に入った様子です。

唐： 这个 歪曲 的 茶碗 是 失败作 吗？
Zhège wāiqū de cháwǎn shì shībàizuò ma?

铃木：不是，这个 走形 的 也是 商品。
Bú shì, zhège zǒuxíng de yě shì shāngpǐn.

唐： 日本人 喜欢 这 种 形状 的？
Rìběnrén xǐhuan zhè zhǒng xíngzhuàng de?

铃木：是的，我们 也喜欢 这 种 形状 的。喜欢 这 种 有点 走形 不 对称 的 形状 也是 日本 的 审美观 之 一。日本 庭院 也 不 是 对称 的。
Shì de, wǒmen yě xǐhuan zhè zhǒng xíngzhuàng de. Xǐhuan zhè zhǒng yǒudiǎn zǒuxíng bú duìchèn de xíngzhuàng yě shì Rìběn de shěnměiguān zhī yī. Rìběn tíngyuàn yě bú shì duìchèn de.

唐： 还 有 其他 独特 的 审美观 吗？
Hái yǒu qítā dútè de shěnměiguān ma?

铃木：比起 壮丽 艳丽，日本人 更加 喜欢 简朴、不 张扬 的 美。
Bǐqǐ zhuànglì yànlì, Rìběnrén gèngjiā xǐhuan jiǎnpǔ、bù zhāngyáng de měi.

唐： 这 对 中国人 来 说 很 难 理解。
Zhè duì Zhōngguórén lái shuō hěn nán lǐjiě.

铃木：日本 的"无印 良品"在 中国 不 也 是 很 受 欢迎 吗？我 想"无印 良品"的 特点，就 是 朴素，也 就 是 来自 日本 的 审美观。
Rìběn de "Wúyìn liángpǐn" zài Zhōngguó bù yě shì hěn shòu huānyíng ma? Wǒ xiǎng "Wúyìn liángpǐn" de tèdiǎn, jiù shì pǔsù, yě jiù shì láizì Rìběn de shěnměiguān.

▷日本的茶碗
Rìběn de cháwǎn

唐　ここにあるゆがんだ形の茶碗は失敗作ですか？

鈴木　いいえ。いびつな形をしていますが、これも売り物です。

唐　日本人はこういう形が好きなんですか？

鈴木　そうですね、こういう形も好まれます。バランスをやや崩した形を好むというのは、日本の美意識の一つです。日本庭園もシンメトリーではありませんし。

唐　ほかに日本独特の美意識ってありますか？

鈴木　日本人は壮麗さやあでやかさより、簡素さや控えめな美のほうを好みます。

唐　それも中国人にはわかりにくい美意識ですね。

鈴木　日本の「無印良品」は中国でも人気があるでしょう？　「無印良品」の特徴であるシンプルさも、やはり日本の美意識から来ていると思います。

▶単語＆表現

歪曲 wāiqū：ゆがんでいる
走形 zǒuxíng：変形する。"走"は「元の形や状態を失う」。"走味儿 zǒuwèir"は「味が変わる」、"走样 zǒuyàng"は「形が崩れる」。
对称 duìchèn：対称・シンメトリーになっている
审美观 shěnměiguān：美意識
比起 bǐqi：〜と比べると

壮丽 zhuànglì：壮麗だ
艳丽 yànlì：あでやかで美しい
简朴 jiǎnpǔ：簡素だ
张扬 zhāngyáng：大声で言いふらす。ここでは"不张扬"で「控えめである」。
对 duì〜来说 lái shuō：〜にとっては
受欢迎 shòu huānyíng：人気がある
朴素 pǔsù：素朴だ、質素だ

▶説明のポイント

1. 「無印良品」はもとから漢字なのでそのままだが、中国に進出している日系企業の中には、日本国内と違う名称を使っているところもある。以下がどの企業か当ててみよう。

① **华堂商场** Huátáng shāngchǎng　② **优衣库** Yōuyīkù　③ **丰田** Fēngtián
④ **全家** Quánjiā　⑤ **罗森** Luósēn

【答え】① イトーヨーカドー　② ユニクロ　③ トヨタ　④ ファミリーマート　⑤ ローソン

「ユニクロ」の中国語名は音を似せているのと同時に「優れた衣料の倉庫」という意味も持つ。また、以下の文はトヨタが中国で出した有名なキャッチコピー。

车到山前必有路，有路必有丰田车。 Chē dào shānqián bì yǒu lù, yǒu lù bì yǒu Fēngtián chē.

（山に行きあたっても必ず道がある。道があれば必ずトヨタの車が走っている）
このキャッチコピーは "**车到山前必有路**"（困難があっても必ず解決できる、案ずるより産むが易し）ということわざをもじっている。

2. "比起壮丽艳丽，日本人更加喜欢简朴、不张扬的美" という文は "比起 A，更 〜 B"（A に比べて B のほうがより〜だ）という形の比較文。"比" を用いた比較文が単文構造であるのに対し、"比起" の文は節（clause）が 2 つある複文構造になる。"A 比 B" の比較文は A と B の差異を表す文だが、"比起" を用いた文は、A と比べた時 B はどうか、という B に焦点を合わせた文になる。また "比" は介詞だが "比起" の "比" は動詞。

Part2 3. 買い物をする

▶ 応用フレーズ

(1) 私は優秀な人より優しい人の方が好きです。

比起优秀的人，我更喜欢对人温柔的人。
Bǐqǐ yōuxiù de rén, wǒ gèng xǐhuan duì rén wēnróu de rén.

大勢で観光地を回るより少人数で好きな場所に行くのがおすすめです。

比起一大堆人一起去景点，我更建议几个人一起去喜欢的地方。
Bǐqǐ yí dà duī rén yìqǐ qù jǐngdiǎn, wǒ gèng jiànyì jǐ ge rén yìqǐ qù xǐhuan de dìfang.

ファミリーレストランより駅前の食堂のほうがおすすめです。

比起家庭餐厅，我更推荐车站附近的食堂。
Bǐqǐ jiātíng cāntīng, wǒ gèng tuījiàn chēzhàn fùjìn de shítáng.

.....

(2) 音を立てて麺を食べるのは外国人には理解しがたいようです。

吃面发出声音对外国人来说似乎很难理解。
Chī miàn fāchū shēngyīn duì wàiguórén lái shuō sìhū hěn nán lǐjiě.

冬に冷水を飲むのは、皆さんにはとてもまねできないでしょう。

在冬天喝凉水，对于各位来说可能很难效仿。
Zài dōngtiān hē liángshuǐ, duìyú gèwèi lái shuō kěnéng hěn nán xiàofǎng.

その考え方は今の若者には納得しがたいようです。

这种想法对于现在的年轻人来说似乎难以接受。
Zhè zhǒng xiǎngfǎ duìyú xiànzài de niánqīng rén lái shuō sìhū nányǐ jiēshòu.

▷干支にイノシシ？

西安から来た郭 (Guō) さん、お土産屋さんで干支の人形を見つけ、「干支は中国の文化なのに」と不思議そうです。

铃木：日本 也 有 属相，是 从 中国 传过来 的。但是 有 一
Rìběn yě yǒu shǔxiàng, shì cóng Zhōngguó chuánguolai de. Dànshì yǒu yì

只 动物 是 中国 没 有 的。
zhī dòngwù shì Zhōngguó méi yǒu de.

郭：是 吗? 是 什么 动物 呢?
Shì ma? Shì shénme dòngwù ne?

铃木：是 野猪。日本 的 属相里 没 有 猪，而是 野猪。
Shì yězhū. Rìběn de shǔxiànglǐ méi yǒu zhū, ér shì yězhū.

郭：如果 我 是 属 野猪 的 会 很 不 高兴。
Rúguǒ wǒ shì shǔ yězhū de huì hěn bù gāoxìng.

铃木：日本 比起 猪 来，野猪 的 印象 更 好 一些。如果 对 属
Rìběn bǐqi zhū lái, yězhū de yìnxiàng gèng hǎo yìxiē. Rúguǒ duì shǔ

野猪 的 人 说 "在 中国 的话 你 就 是 属 猪 的"，对方
yězhū de rén shuō "zài Zhōngguó dehuà nǐ jiù shì shǔ zhū de", duìfāng

会 不 高兴。
huì bù gāoxìng.

郭：原来 是 这样。在 中国 猪年 是 很 吉利 的。还 有
Yuánlái shì zhèyàng. Zài Zhōngguó zhūnián shì hěn jílì de. Hái yǒu

专门 要 选 在 猪年 生 孩子 的 呢。
zhuānmén yào xuǎn zài zhūnián shēng háizi de ne.

铃木：将 野猪 驯化 就 变成了 家猪，日本 近代 以前 几乎 没
Jiāng yězhū xùnhuà jiù biànchéngle jiāzhū, Rìběn jìndài yǐqián jīhū méi

有 养 猪 吃 猪肉 的 习俗。原因 是 佛教 传来 之后
yǒu yǎng zhū chī zhūròu de xísú. Yuányīn shì fójiào chuánlai zhīhòu

禁止 吃 肉。但是 野猪 到处 都 有，因此 就 出现了 野猪 的
jìnzhǐ chī ròu. Dànshì yězhū dàochù dōu yǒu, yīncǐ jiù chūxiànle yězhū de

属相 了 吧。
shǔxiàng le ba.

Part2　3. 買い物をする

▷ 属相里有野猪？
Shǔxiàngli yǒu yězhū?

鈴木　日本にも干支があって、中国から伝わってきたんです。でも1匹だけ中国にはない動物がいるんですよ。

郭　へえ。それは何ですか？

鈴木　イノシシです。日本の干支にはブタはいません。イノシシなんです。

郭　イノシシ年なんて私なら嫌だけど。

鈴木　日本ではブタよりイノシシのほうがイメージがいいんですよ。イノシシ年の人に「あなたは中国ではブタ年ですよ」と言うとがっかりします。

郭　そうなんですか！　中国でブタ年はとても縁起のいい年です。わざわざブタ年を選んで子供を生む人もいますよ。

鈴木　イノシシを家畜化したのがブタですが、日本では、近代になるまでブタを飼って食べる習慣がほとんどなかったようです。仏教が伝わって肉食が禁じられたからです。でもイノシシはいたるところにいましたから、そこでイノシシが干支になったんでしょうね。

▶ 単語＆表現

属相 shǔxiàng：干支。"你属什么？"で「(干支は)何年生まれですか？」
传过来 chuánguolai：伝わってくる。"过来"は方向補語。"传"(伝わる)という動作の結果、事物が話し手のほうに近づくことを意味する。
野猪 yězhū：イノシシ
猪 zhū：ブタ
比起 bǐqi ～ (来 lái)：～と比べると (⇒ p.126)

吉利 jílì：縁起がいい
专门 zhuānmén：わざわざ
将 jiāng ～ **驯化** xùnhuà：～を飼いならす。"将"は書き言葉で、"把"と同じ。
几乎 jīhū：ほとんど、ほぼ。状況が近いことを表す。
习俗 xísú：習慣、習わし。"习惯"と同義。
到处 dàochù：至るところ

129

▶ 説明のポイント

1. 「干支」は中国語で"**属相** shǔxiàng"。日本では、生まれた年と同じ十二支を迎えた男女を「年男」「年女」と呼び、この年男、年女が節分の豆まきをするなど、何となくおめでたい感じがする。しかし実は中国では自分の十二支と同じ年は"**本命年** běnmìngnián"と言い、とても縁起が悪い。そこで赤い紐を結んだり、赤い下着を着たりして厄除けをするという。

十二支だけでなく十干（甲、乙、丙、丁、戊、己、庚、辛、壬、癸）も生まれた年と同じになる還暦に、日本では赤いチャンチャンコを着る風習があるが、その遠い由縁はここにあるのかもしれない。日本にある様々な古い文化の多くが、多少形を変えても中国に起源を持つことを、感謝を込めて中国人に伝えたい。

2. 家畜化されている「ブタ」"**猪**"に対して、家畜化されていない「イノシシ」は"**野猪**"。このような関係になっている言葉はほかに"**鸭（子）** yā(zi)"（アヒル）と"**野鸭** yěyā"（カモ）がある（英語ではどちらもduck）。"**野**"がつくことで「野生の、家畜化されていない」という意味になる。"**野**"には「野良の、人に飼われていない」という意味もあり"**野狗** yěgǒu"（野良犬）、"**野猫** yěmāo"（野良猫）などと使う。

Part2 3. 買い物をする

▶ 応用フレーズ

(1) 何種類か本州では見られない植物があるんです。

有几种植物是在日本本州看不到的。
Yǒu jǐ zhǒng zhíwù shì zài Rìběn Běnzhōu kànbudào de.

いくつかほかの国にはない習慣があるんです。

有几个习惯是其他国家没有的。
Yǒu jǐ ge xíguàn shì qítā guójiā méiyou de.

ほかの地域では買えない商品がいくつかあります。

有几种商品是其他地方买不到的。
Yǒu jǐ zhǒng shāngpǐn shì qítā dìfang mǎibudào de.

(2) 日本では近代になるまで洋服を着る習慣がありませんでした。

日本在近代以前没有穿西服的习俗。
Rìběn zài jìndài yǐqián méiyou chuān xīfú de xísú.

日本では中国から漢字が伝わるまで文字を書く習慣はありませんでした。

中国的汉字传入之前，日本没有书写的习俗。
Zhōngguó de Hànzì chuánrù zhīqián, Rìběn méiyou shūxiě de.

中国では最近までコーヒーを飲む習慣がなかったんですか？

在中国前些年人们没有喝咖啡的习惯吗?
Zài Zhōngguó qián xiē nián rénmen méiyou hē kāfēi de xíguàn ma?

> **通訳案内のワンポイントコラム 「近代」はいつまで？**
>
> 日本と中国で同じ「近代」が指すものが違っているので注意しよう。
> 日本における「近代」は一般に 1868 年の明治維新から 1945 年の敗戦まで。一方、中国の"近代 jìndài"は一般に 1840 年のアヘン戦争から 1919 年の五四運動までを指す。

▷包装に凝るのね！

デパートで買ったものをきれいに包装してもらった呉 (Wú) さん、その手際の良さと包装の美しさに感心しています。

吴： 以前 收到 日本 朋友 送 的 礼物，包装得 非常 地
Yǐqián shōudào Rìběn péngyou sòng de lǐwù, bāozhuāngde fēicháng de
精美。
jīngměi.

铃木：日本人 在 包装上 的确 很 讲究。
Rìběnrén zài bāozhuāngshang díquè hěn jiǎngjiu.

吴： 不 贵重 的 东西 也 包得 很 漂亮 呢。
Bú guìzhòng de dōngxi yě bāode hěn piàoliang ne.

铃木：礼物 是 一定 要 包装 的。没 有 包装 就 递给 对方
Lǐwù shì yídìng yào bāozhuāng de. Méi yǒu bāozhuāng jiù dìgěi duìfāng
是 很 没 礼貌 的。谢礼钱 也 是 要 装进 信封 后 再 递给
shì hěn méi lǐmào de. Xièlǐqián yě shì yào zhuāngjin xìnfēng hòu zài dìgěi
对方。
duìfāng.

吴： 不 能 直接 递给 对方 吗？
Bù néng zhíjiē dìgěi duìfāng ma?

铃木：不 能。 中国 结婚 仪式上 的 红包 或者 压岁钱 要
Bù néng. Zhōngguó jiéhūn yíshìshang de hóngbāo huòzhě yāsuìqián yào
放在 红色 的 纸袋里，对 吧。
fàngzài hóngsè de zhǐdàili, duì ba.

吴： 是 的。但 除 此 之 外，金额 小 的 钱 的话 不用 放
Shì de. Dàn chú cǐ zhī wài, jīn'é xiǎo de qián dehuà búyòng fàng
信封里。 刚才 你 递给 旅馆 女 服务员 一 个 小纸袋，里面
xìnfēngli. Gāngcái nǐ dìgěi lǚguǎn nǚ fúwùyuán yí ge xiǎozhǐdài, lǐmiàn
装了 现金？
zhuāngle xiànjīn?

铃木：是。日本 没 有 付 小费 的 习惯，但是 住在 旅馆 的 时候
Shì. Rìběn méi yǒu fù xiǎofèi de xíguàn, dànshì zhùzài lǚguǎn de shíhou
有时 也 像 那样 付 小费。
yǒushí yě xiàng nàyàng fù xiǎofèi.

Part2　3. 買い物をする

▷ 包装好用心！
Bāozhuāng hǎo yòngxīn!

呉　　以前日本人の友達にもらったプレゼントも、とてもきれいに包装されていました。

鈴木　確かに日本人は包装にこだわりますね。

呉　　高価なものじゃなくても、すごくきれいに包装するんですよね。

鈴木　プレゼントは必ず包装します。むき出しで渡すことは失礼になるんです。謝礼としてのお金なども封筒に入れて渡します。

呉　　お金のままではいけないの？

鈴木　はい。中国でも結婚式などのご祝儀やお年玉は赤い紙袋に入れるでしょう。

呉　　そうですね。でもそれ以外、ちょっとしたお金なら封筒には入れません。さっき旅館のサービス係の女性に小さな袋を渡していましたけど、あれはお金？

鈴木　はい。日本にはほとんどチップの習慣がないんですが、旅館に泊まるとあのようなチップを渡すこともあります。

▶ 単語＆表現

収到 shōudào：（具体的なものを）受け取る
精美 jīngměi：美しい
的确 díquè：確かに、間違いなく
讲究 jiǎngjiu：こだわる、凝る
递 dì：手渡す
礼貌 lǐmào：礼儀、マナー
装 zhuāng：（物を容器などに）しまい入れる、詰める
红包 hóngbāo：ご祝儀。企業で従業員に非公式に渡す「ボーナス、奨励金」の意味でも用いる。
压岁钱 yāsuìqián：お年玉
除此之外 chú cǐ zhī wài：これ以外に
付小费 fù xiǎofèi：チップを渡す

133

▶ 説明のポイント

1. "**收到**"は「（具体的なものを）受け取る」、"**受到**"は「（抽象的な事柄を）受ける」。

例：「メールを受け取りました」

　　你的邮件我收到了。 Nǐ de yóujiàn wǒ shōudào le.

「彼らは表彰を受けた（＝表彰された）」

　　他们受到了表彰。 Tāmen shòudàole biǎozhāng.

2. "**贵重** guìzhòng"、"**宝贵** bǎoguì"、"**珍贵** zhēnguì"はいずれも「貴重な」という意味。置き換えられる場合もあるが、形容する対象に違いがある。

贵重：値段が高く、手に入りにくいもので一般に具体的なものに使う。
例：「現金や貴重品はご自分でお持ち下さい」

　　现金、贵重［×宝贵／×珍贵］物品要随身携带。

　　Xiànjīn, guìzhòng wùpǐn yào suíshēn xiédài.

宝贵：抽象的なものでも具体的なものでもよく、値段とは関係ない。
例：「人間にとって最も大切なのは命だ」

　　人最宝贵［×贵重／×珍贵］的就是生命。

　　Rén zuì bǎoguì de jiùshì shēngmìng.

珍贵：まれにしかない珍しいもので、一般に具体的なものを指す。
例：「希少野生保護動物」

　　珍贵［×宝贵／×贵重］野生保护动物

　　zhēnguì yěshēng bǎohù dòngwù

▶ 応用フレーズ

(1) 職人は道具の手入れにすごくこだわります。

匠人很讲究工具的维护。
Jiàngrén hěn jiǎngjiu gōngjù de wéihù.

日本の鉄道は時間の正確さにこだわります。

日本的铁路很讲究准时。
Rìběn de tiělù hěn jiǎngjiu zhǔnshí.

この店は魚介の新鮮さにこだわっています。

这家店很讲究鱼贝类的新鲜程度。
Zhè jiā diàn hěn jiǎngjiu yúbèilèi de xīnxiān chéngdù.

(2) この中に何が入っていると思いますか？

你觉得这里面装了什么?
Nǐ juéde zhè lǐmiàn zhuāngle shénme?

重箱の中に季節の料理が入っています。

套盒里装着应季的菜肴。
Tàohélǐ zhuāngzhe yìng jì de càiyáo.

▶ 通訳案内のワンポイントコラム 「つまらないものですが…」

チップやプレゼントを渡す時には何か一言添えたい。
请您收下。 Qǐng nín shōuxia. (取っておいてください)
希望您能够喜欢。 Xīwàng nín nénggòu xǐhuan. (気に入っていただけるといいのですが)
などが定番。控えめに
这是我的一片心意。 Zhè shì wǒ de yí piàn xīnyì. (ほんの気持ちです)
一点儿小意思。 Yìdiǎnr xiǎo yìsi. (つまらないものですが)
などと言ってもよい。
　逆に、思いがけず金品を受け取ったりして恐縮する場合は
请不要这样。 Qǐng búyào zhèyàng. (こんなことなさらないでください)
您的心意我领了。 Nín de xīnyì wǒ lǐng le. (お気持ちだけいただきます)
などと言おう。

▷職人かたぎ

TRACK 33

合羽橋にある刃物専門店のショーウインドーに目をとめた尹 (Yǐn) さん。
包丁を買おうとお店に入り、魅入られたように一つ一つ眺めています。

尹： 太棒了。每一把都做得非常精细。
Tài bàng le. Měi yī bǎ dōu zuòde fēicháng jīngxì.

田中：日本的匠人们工作都很精细。所以价格也有点贵。
Rìběn de jiàngrénmen gōngzuò dōu hěn jīngxì. Suǒyǐ jiàgé yě yǒudiǎn guì.

尹： 简直像艺术品,都是什么样的人做的呢?
Jiǎnzhí xiàng yìshùpǐn, dōu shì shénme yàng de rén zuò de ne?

田中：据说,一般是上了年纪的匠人在小作坊里制作的,
Jùshuō, yībān shì shàngle niánjì de jiàngrén zài xiǎo zuōfangli zhìzuò de,
而且几乎全是手工的。
érqiě jīhū quán shì shǒugōng de.

尹： 制作这么品质优良的东西的动力是什么呢?
Zhìzuò zhème pǐnzhì yōuliáng de dōngxi de dònglì shì shénme ne?

田中：我想是因为是自己亲手做的,所以想以优质的
Wǒ xiǎng shì yīnwei shì zìjǐ qīnshǒu zuò de, suǒyǐ xiǎng yǐ yōuzhì de
商品来给客人带来喜悦。这种精神在日本叫做
shāngpǐn lái gěi kèrén dàilai xǐyuè. Zhè zhǒng jīngshén zài Rìběn jiàozuò
"匠人气质"。
"jiàngrén qìzhì".

尹： 对自己的工作很自豪啊。但是能以此维持生计
Duì zìjǐ de gōngzuò hěn zìháo a. Dànshì néng yǐ cǐ wéichí shēngjì
吗?
ma?

田中：似乎不太容易。工作很累,所以后继无人的状况
Sìhū bú tài róngyì. Gōngzuò hěn lèi, suǒyǐ hòujì wú rén de zhuàngkuàng
也在加剧。
yě zài jiājù.

▷ 匠人气质
Jiàngrén qìzhì

尹 すばらしいですね。一本一本、実に丁寧に作られています。

田中 日本の職人はとても丁寧に仕事をします。その代わり値段も少し高いです。

尹 まるで芸術品みたいですが、どんな人が作っているんでしょうね。

田中 一般に年配の職人さんが小さな工場（こうば）で、ほとんど手作業でこうしたものを作るとされます。

尹 こういう品質の良いものを作る原動力は何なんでしょう？

田中 自分が作るものである以上、質の良い商品でお客さんに喜んでもらいたいということだと思います。こういう精神を日本では「職人かたぎ」と言います。

尹 自分の仕事にプライドがあるんですね。でもこれで経済的に成り立つんですか？

田中 なかなか厳しいようです。仕事がきついですから、後継者がいない例も増えているようです。

▶ 単語＆表現

精细 jīngxì：念入りである、細かい
匠人 jiàngrén：職人。"匠人气质 jiàngrén qìzhì"で「職人かたぎ」
简直 jiǎnzhí：まるで、まったく
上了年纪 shàngle niánjì：年を取った
小作坊 xiǎo zuōfang：作業場
手工 shǒugōng：手作業
动力 dònglì：(物事を進める)原動力
亲手 qīnshǒu：自分の手で
以 yǐ：介詞で「～で、～をもって」の意。"以优质的商品来给客人带来喜悦。"は「品質の優れた商品によってお客さんに喜びをもたらす」という意味。
优质 yōuzhì：すぐれた品質
喜悦 xǐyuè：喜び
自豪 zìháo：誇りに感じる
以此 yǐ cǐ：これで、これをもって
维持生计 wéichí shēngjì：生計を立てる
后继无人 hòujì wú rén：後継者がいない
加剧 jiājù：加速する、激化する

▶ 説明のポイント

本文中に"**太棒了**"を使ったほめかたが出てきたが、よく使われるほめかたを覚えよう。

棒：たいしたものだ、すごい（口語表現でのみ使われる）。
「屋上プールはすごくいい」
　屋顶的泳池太棒了。 Wūdǐng de yǒngchí tài bàng le.

不错 búcuò：よい、すばらしい（口語表現でのみ使われる）。
「お宅の周囲の環境はなかなかすばらしいですね」
　你家周围的环境很不错。 Nǐ jiā zhōuwéi de huánjìng hěn búcuò.

不简单 bù jiǎndān：すごい、すばらしい。
「あんな状況で一等賞が取れるなんてすごいね」
　在那种情况下，你还能得一等奖，真不简单！
　Zài nà zhǒng qíngkuàng xia, nǐ hái néng dé yī děng jiǎng, zhēn bù jiǎndān!

精彩 jīngcǎi：（演技、スピーチ、文章などが）すばらしい。
「王先生の授業はすばらしく、学生たちは興味津々で聞いていた」
　王老师讲得精彩，学生们听得津津有味。
　Wáng lǎoshī jiǎng dé jīngcǎi, xuéshēngmen tīng dé jīn jīn yǒu wèi.

绝 jué：実にすばらしい。
「プーチンのこの手腕は実に巧みだ」
　普京这招真绝！ Pǔjīng zhè zhāo zhēn jué!

了不起 liǎobuqǐ：たいしたものだ。
「お母さん、あなたは本当にすごい」
　妈妈，你真了不起！ Māma, nǐ zhēn liǎobuqǐ!

Part2　3. 買い物をする

▶応用フレーズ

(1) 質の高い車でお客さんに喜んでもらいたいのです。

以优质的车辆给客人带来喜悦。
Yǐ yōuzhì de chēliàng gěi kèrén dàilai xǐyuè.

おいしい料理を提供してお客さんに喜んでもらいたいのです。

以提供美味菜肴来给客人带来喜悦。
Yǐ tígōng měiwèi càiyáo lái gěi kèrén dàilai xǐyuè.

美しい自然の風景を守り訪れる人達に喜んでもらいたいのです。

以维护美丽的自然风光给来访的人带来喜悦。
Yǐ wéihù měilì de zìrán fēngguāng gěi láifǎng de rén dàilai xǐyuè.

(2) 住民は美しい景色に誇りを持っています。

居民们对美丽的景色感到自豪。
Jūmínmen duì měilì de jǐngsè gǎndào zìháo.

漆器職人は自分の作品を誇らしく思っています。

漆器匠人对自己的作品感到自豪。
Qīqì jiàngrén duì zìjǐ de zuòpǐn gǎndào zìháo.

日本のメーカーは自分たちの技術に誇りを持っています。

日本的厂家对自己的技术感到自豪。
Rìběn de chǎngjiā duì zìjǐ de jìshù gǎndào zìháo.

▶通訳案内のワンポイントコラム　日本の伝統工芸

中国人にも人気が高い日本の伝統工芸品をいくつか紹介しよう。

漆塗り：**漆器** qīqì

蒔絵：**泥金画** níjīnhuà または**描金画** miáojīnhuà (器に漆で文様を描き、金粉などを蒔きつけて付着させる工芸)

螺鈿：**螺钿** luódiàn (貝殻の真珠色に光る部分を薄く切って様々な形にし、漆器などにはめ込んだり張り付けたりして飾る工芸)

友禅染：**友禅染** yǒuchánrǎn (布に模様を染める技法の一つで、華麗な絵柄を特徴とする)

切子：**雕花玻璃** diāohuā bōli (彫刻や切込み細工を施したガラス)

4.1 交通機関を利用する

乘坐交通工具　Chéngzuò jiāotōng gōngjù

▷出口がわからない！

🔊 TRACK 34

新宿駅の南口で関連会社の人と待ち合わせることになった江 (Jiāng) さん。通訳の田中さんと、駅構内を南口に向かいます。

江： 人 真 多 啊。而且 大家 都 走得 真 快，有点 恐怖。
Rén zhēn duō a. Érqiě dàjiā dōu zǒude zhēn kuài, yǒudiǎn kǒngbù.

田中： 高峰 时 走路 有 窍门 的。要 顺着 人流 走。往 那边
Gāofēng shí zǒulù yǒu qiàomén de. Yào shùnzhe rénliú zǒu. Wǎng nàbiān
走 的 人 不 都 是 靠 左边 走 吗? 我们 也 靠 左边 走
zǒu de rén bù dōu shì kào zuǒbiān zǒu ma? Wǒmen yě kào zuǒbiān zǒu
吧。
ba.

江： 原来 如此，顺流 走 就 会 轻松 一点。这个 车站 真
Yuánlái rúcǐ, shùnliú zǒu jiù huì qīngsōng yìdiǎn. Zhège chēzhàn zhēn
像 迷宫 啊。
xiàng mígōng a.

田中： 是 啊。新宿站 有 JR 和 私铁、地铁，平常 不用 这里 的
Shì a. Xīnsùzhàn yǒu JR hé sītiě, dìtiě, píngcháng bú yòng zhèli de
日本人 也 会 迷路 的。
Rìběnrén yě huì mílù de.

江： 有 南口，那 就 是 说 还 有 别的 出口?
Yǒu nánkǒu, nà jiù shì shuō hái yǒu bié de chūkǒu?

田中： 是 的。南边 的 出口 就 有 南口、东南口、新南口、
Shì de. Nánbiān de chūkǒu jiù yǒu nánkǒu、dōngnánkǒu、xīnnánkǒu、
Southern Terrace 口 四 个 出口。另外 还 有 东口、西口
Southern Terrace kǒu sì ge chūkǒu. Lìngwài hái yǒu dōngkǒu、xīkǒu
等 出口。
děng chūkǒu.

江： 我们 要 去 的 是 南口，是 吧。
Wǒmen yào qù de shì nánkǒu, shì ba.

田中： 对。啊, 他 在 那里, 在 向 我们 招手。
Duì. A, tā zài nàli, zài xiàng wǒmen zhāoshǒu.

Part2 4. 交通機関を利用する

▷ 找不到出口！
Zhǎobudào chūkǒu!

江 すごい人ですね。しかもみんなとても速く歩いているので怖いです。

田中 ラッシュの時に歩くにはコツがあります。人の流れに従うんです。向こうに行く人はみな左側を歩いているでしょう？ 私たちも左側を歩きましょう。

江 なるほど、流れに乗ると少し楽ですね。この駅は迷路のようです。

田中 はい。新宿駅にはJRも私鉄も地下鉄もありますから、普段ここを使っていないと日本人でも迷います。

江 南口があるということは、ほかにも出口があるということですか？

田中 はい。南側にある出口は、南口、東南口、新南口、サザンテラス口と4つもあります。そのほか、東口、西口などがあります。

江 私たちが行くのは南口ですよね。

田中 はい。あ、あそこに立っていらっしゃいますね。手を振っていますよ。

▶ 単語 & 表現

恐怖 kǒngbù：恐ろしい、怖い
高峰 gāofēng：ラッシュ
窍门 qiàomén：コツ
顺着 shùnzhe：〜に沿って、〜に従って
人流 rénliú：人の流れ
不都是 bù dōu shì 〜 吗 ma？：(反語表現) みんな〜しているでしょう？
靠 kào：〜に寄る。"靠左边走"で「左側を歩く」
原来如此 yuánlái rúcǐ：なるほど、そうだったのか
轻松 qīngsōng：楽である
像 xiàng：〜みたいだ、〜に似ている
迷宫 mígōng：迷路、迷宮
迷路 mílù：道に迷う、迷子になる
招手 zhāoshǒu：手を振る

141

▶説明のポイント

1. 「怖い」にあたる中国語として"恐怖"という言い方が出てきたが、ほかにも"**害怕**"(怖がる)、"**可怕** kěpà"(怖い；⇒ p.184)、"**不敢～**"(～する勇気がない、～するのが怖い)などの表現がある。

例：**你不用害怕。这座桥很坚固。** Nǐ búyòng hàipà. Zhè zuò qiáo hěn jiāngù.
(怖がらなくても大丈夫ですよ。この橋は頑丈です)

海参看起来很吓人，所以不敢吃。 Hǎishēn kànqilai hěn xiàrén, suǒyǐ bù gǎn chī. (ナマコは見た目が不気味で食べるのが怖いです)

また、「怖かった、危なかった！」と言いたいときは"**好险！** Hǎo xiǎn!"などと口にすることが多い。

例：**好险！差一点儿就被车撞到。** Hǎo xiǎn! Chà yìdiǎnr jiù bèi chē zhuàngdào. (怖かった！もうちょっとで車にひかれるところだった)

2. "**顺(着)** shùn(zhe)"(～に沿って)は、観光地や博物館等で見学ルートを先導する際に便利。

例：**我们顺时针参观吧。** Wǒmen shùnshízhēn cānguān ba.
(時計回りで見ていきましょう)

"**沿着** yánzhe"も同義語。

例：**请沿着箭头方向走。** Qǐng yánzhe jiàntóu fāngxiàng zǒu.
(矢印に沿って歩いてください)

请沿着"顺路"的标识往前走。 Qǐng yánzhe "shùnlù" de biāozhì wǎng qián zǒu.
(「順路」という看板に沿って進んでください)

「～に逆らって」は"**逆着** nìzhe"。

例：**有些拥挤让我们逆着人流走过去吧。** Yǒuxiē yǒngjǐ ràng wǒmen nìzhe rénliú zǒuguoqu ba.
(混んでいるのでほかの人たちとは逆回りで行きましょう)

▶ 応用フレーズ

(1) この料理はまるで芸術作品のようです。

这道菜真像是艺术品。
Zhè dào cài zhēn xiàng shì yìshùpǐn.

この食品サンプルはまるで本物のようでしょう？

这个食物模型很像真的吧?
Zhège shíwù móxíng hěn xiàng zhēn de ba?

あの岩はまるで夫婦のようです。

那块岩石的形状简直就像夫妇一样。
Nà kuài yánshí de xíngzhuàng jiǎnzhí jiù xiàng fūfù yíyàng.

(2) 巫女さんがあそこで甘酒を振る舞っています。

巫女在那里给客人发甜酒。
Wūnǚ zài nàli gěi kèrén fā tiánjiǔ.

熊の親子があそこを歩いていますよ。

母熊和小熊在那边散步。
Mǔxióng hé xiǎoxióng zài nàbiān sànbù.

通訳案内のワンポイントコラム　日中の交通標識

日本では人は右、車は左だが、中国は逆。人が左で車は右。車の運転席も左側だ。交通標識はおおよそ日本と変わらないが、一つまったく違うものがある。それは"**禁止通行** jìnzhǐ tōngxíng"（通行止め）の標識で、日本では×の記号が使われているが、中国では○の標識が「通行止め」を表す（⇒ p.164）。

「通行止め」標識
中国　日本

また、日本では「クラクション鳴らせ」の標識しかないのに比べて、中国ではほかに「クラクションを鳴らすな」という標識もあって面白い。中国の街角に立つとあちこちからクラクションの音が盛大に聞こえてくる。逆に中国人が日本に来て最も印象深いことの一つが街の静けさだという。

▷Suica

1週間ほど日本に滞在する予定の韓 (Hán) さん、さっそく IC カードの Suica を 1 枚買っておくことにしました。

铃木: Suica 需要 押金 和 充值，加起来 最少 需要 1 千 日元，最多 可以 充 2 万 日元。回 国 前 归还 Suica 可以 还 500 日元。
Suica xūyào yājīn hé chōngzhí, jiāqilai zuìshǎo xūyào yì qiān rìyuán, zuìduō kěyǐ chōng liǎng wàn rìyuán. Huí guó qián guīhuán Suica kěyǐ huán wǔ bǎi rìyuán.

韩: 那么 先 充 1 万 日元 吧。所有 的 电车 都 能 用 这个 卡 吗?
Nàme xiān chōng yí wàn rìyuán ba. Suǒyǒu de diànchē dōu néng yòng zhège kǎ ma?

铃木: 是 的。JR 和 私铁 还 有 地铁 都 能 使用。可以 使用 IC 乘车券 的 地方，在 日本 全国 都 能 使用。公交 和 部分 出租 也 能 用。有的 店铺 可以 用 这个 卡 支付。
Shì de. JR hé sītiě hái yǒu dìtiě dōu néng shǐyòng. Kěyǐ shǐyòng IC chéngchēquàn de dìfang, zài Rìběn quánguó dōu néng shǐyòng. Gōngjiāo hé bùfen chūzū yě néng yòng. Yǒude diànpù kěyǐ yòng zhège kǎ zhīfù.

韩: 这个 好 方便。充 2 万 日元 估计 也 会 很 快 就 用完 的 吧。
Zhège hǎo fāngbiàn. Chōng liǎng wàn rìyuán gūjì yě huì hěn kuài jiù yòngwán de ba.

铃木: 不过 丢了 就 麻烦 了。先 充 1 万 日元 比较 好 吧?
Búguò diūle jiù máfan le. Xiān chōng yí wàn rìyuán bǐjiào hǎo ba?

韩: 也 是。欸，为 什么 叫 Suica 呢?
Yě shì. Éi, wèi shénme jiào Suica ne?

铃木: 听说 是 "可以 SuiSui（畅通无阻）到 任何 地方 的 卡" 的 意思。"SuiSui" 是 个 拟态词，意思 是 顺畅。
Tīngshuō shì "kěyǐ SuiSui (chàngtōng wúzǔ) dào rènhé dìfang de kǎ" de yìsi. "SuiSui" shì ge nǐtàicí, yìsi shì shùnchàng.

韩: 那我 就 用 这个 卡 畅通 无阻地 活动 吧。
Nà wǒ jiù yòng zhège kǎ chàngtōng wúzǔ de huódòng ba.

Part2 4.交通機関を利用する

▷西瓜卡
Xīguākǎ

鈴木　Suica は預かり保証金とチャージ料金で、最低 1000 円からです。最大 2 万円までチャージできます。帰国する前に Suica を返せば 500 円は戻ってきます。

韓　ではとりあえず 1 万円入れておきましょう。このカードはどの電車でも使えますか？

鈴木　はい。JR でも私鉄でも地下鉄でも使えます。IC 乗車券を使っているところなら、日本全国どこでも使えます。バスや一部のタクシーも大丈夫です。またお店によってはこのカードで支払いができます。

韓　それは便利です。2 万円入れてもすぐ使いきってしまうでしょうね。

鈴木　でもなくすと大変ですよ。1 万円くらいにしたほうがいいのでは？

韓　それもそうですね。ところでどうして Suica と言うんですか？

鈴木　「どこでもスイスイ行けるカード」という意味だそうです。「スイスイ」はスムーズにという意味の擬態語です。

韓　じゃ、私もこれで「スイスイ」行くことにしましょう。

▶単語＆表現

押金 yājīn：デポジット、保証金
充 chōng：満たす、充てる。ここでは「チャージする」の意。"**充值** chōngzhí"は「チャージ（金額）」。
归还 guīhuán：返す、返却する
公交 gōngjiāo："**公交车**"「バス」。"车"が省略されている。
部分 bùfen：一部の
出租 chūzū："**出租车**"「タクシー」。"车"が省略されている。

支付 zhīfù：支払う
估计 gūjì：〜だと見積もる、見通しをつける
丢 diū：（ものを）なくす。"**弄丢** nòngdiū"とも言う。
畅通无阻 chàngtōng wúzǔ：滞りなく通じる
任何 rènhé：あらゆる〜、いかなる〜
拟态词 nǐtàicí：擬態語
顺畅 shùnchàng：スムーズだ

145

▶ 説明のポイント

日本語はオノマトペ（擬態語・擬音語）が多いが、中国語に訳す時、特に擬態語の場合は一般にオノマトペにはならない。

「しーんと静まりかえっている」"**安静得连一根针掉地上都听得见** ānjìngde lián yì gēn zhēn diào dìshang dōu tīngdejiàn"（針が地面に落ちる音が聞こえるほど静かだ）のように比喩が使われる場合もある。

それぞれ決まった言い方が使われる場合もある。以下はその例。

「星がきらきら光る」

　星星在一闪一闪地发光。 Xīngxing zài yì shǎn yì shǎn de fāguāng.

「この電車はぎゅうぎゅう詰めだ」

　这辆电车挤得满满登登。 Zhè liàng diànchē jǐde mǎnmǎndēngdēng.

「（男女が）いちゃいちゃする」

　卿卿我我 qīng qīng wǒ wǒ

また、たとえば「レンジでチンする」を"**用微波炉热菜** yòng wēibōlú rè cài"（レンジで料理を温める）というように、中国語では単に動詞を使うだけの表現になる場合も多い。

ほかの例もいくつか紹介しよう。

あのサービス係の女性は実にテキパキ働いています。

　那位女性服务人员工作起来真是相当麻利。

　Nà wèi nǚxìng fúwù rényuán gōngzuòqilai zhēn shì xiāngdāng máli.

大きな杉の木がすっくと立っていておごそかです。

　高大的杉树耸立着，有种庄严之感。

　Gāodà de shānshù sǒnglìzhe, yǒu zhǒng zhuāngyán zhī gǎn.

間に合うかどうかはらはらしました。

　刚才担心怕赶不上。 Gāngcái dānxīn pà gǎnbushàng.

Part2 4. 交通機関を利用する

▶ 応用フレーズ

(1) 3万円下ろしてもすぐに使いきってしまうでしょうね。

就算取３万日元估计也会很快就用完的吧。
Jiù suàn qǔ sān wàn rìyuán gūjì yě huì hěn kuài jiù yòngwán de ba.

ペットボトル１本だけではすぐに飲みきってしまうでしょうね。

只买一瓶塑料瓶的话估计很快就会喝完的吧。
Zhǐ mǎi yì píng sùliàopíng dehuà gūjì hěn kuài jiù huì hēwán de ba.

1皿だけでは皆で分けたらすぐに食べ終わってしまうでしょうね。

只有一盘大家分着吃的话很快就会吃完的吧。
Zhǐ yǒu yì pán dàjiā fēnzhe chī dehuà hěn kuài jiù huì chīwán de ba.

(2) 終電を逃すと不便ですよ。

错过末班电车就麻烦了。
Cuòguò mòbān diànchē jiù máfan le.

パスポートをなくすと大変ですよ。

弄丢护照可就麻烦了。
Nòngdiū hùzhào kě jiù máfan le.

山の中で迷子になると大変ですよ。

在山里迷路了就麻烦了。
Zài shānli mílùle jiù máfan le.

> ### ▶ 通訳案内のワンポイントコラム　金銭を表す表現
>
> 「補償金、デポジット、敷金、前金」などみな "**押金**" で表す。こうした金銭関係の言葉をいくつか紹介する。
>
> 頭金、手付金、予約金："**订金** dìngjīn"
>
> ローン：「(不動産購入のための) 銀行ローン」は "**按揭** ànjiē"、「月賦で支払うローン」は "**分期付款** fēnqī fùkuǎn"
>
> 精算する：「駅などで乗り越し分を支払う、税金の不足分を支払う」は "**补交** bǔjiāo"、「立て替え分を後で支払ってもらう」場合は "**报销** bàoxiāo"
>
> リベート、キックバック、手数料、世話料："**回扣** huíkòu"
>
> ポイント："**分数** fēnshù"。「ポイントがたまった」は "**积了不少分数** jīle bùshǎo fēnshù"、「ポイントカード」は "**积分卡** jīfēnkǎ"

▷こんなふうに並ぶんだ！

TRACK 36

朝のラッシュ時間に通勤電車に乗るはめになった田 (Tián) さん。プラットホームからあふれそうな人の群れに驚きつつ、列の後ろに並びます。

田中： 电车 虽然 来 了，但是 这 列 人 还 不 能 上 车。右边
Diànchē suīrán lái le, dànshì zhè liè rén hái bù néng shàng chē. Yòubian
的 人 上 车 之后 才 轮到 我们。
de rén shàng chē zhīhòu cái lúndào wǒmen.

田： 哦，这样 向 右 移动 啊。
Ò, zhèyàng xiàng yòu yídòng a.

田中： 是 的。这样 的话 我们 左边 还 会 继续 有 人 来 排队。
Shì de. Zhèyàng dehuà wǒmen zuǒbiān hái huì jìxù yǒu rén lái páiduì.
这 种 排队 方式 是 在 特别 拥挤 的 车站 或 时间段
Zhè zhǒng páiduì fāngshì shì zài tèbié yōngjǐ de chēzhàn huò shíjiānduàn
采用 的，看，现在 车站 工作 人员 正 拿着 喇叭
cǎiyòng de, kàn, xiànzài chēzhàn gōngzuò rényuán zhèng názhe lǎba
解释 呢。
jiěshì ne.

田： 日本 有 很 多 排队 方式 啊。刚才 在 便利店，客人们
Rìběn yǒu hěn duō páiduì fāngshì a. Gāngcái zài biànlìdiàn, kèrénmen
排成 一排，然后 按 顺序 走向 没 客人 的 收银台。
páichéng yì pái, ránhòu àn shùnxù zǒuxiàng méi kèrén de shōuyíntái.

田中： 这 比起 分别 排在 各个 收银台 前面 要 公平 不 是
Zhè bǐqi fēnbié páizài gège shōuyíntái qiánmiàn yào gōngpíng bú shì
吗？去 厕所 的 时候 也 会 那样 排队。
ma? Qù cèsuǒ de shíhou yě huì nàyàng páiduì.

田： 大家 都 自愿 排队，没 有 人 抢先。
Dàjiā dōu zìyuàn páiduì, méi yǒu rén qiǎngxiān.

田中： 是 的。稍微 等 一下 就 肯定 能 轮到 自己 了，所以
Shì de. Shāowēi děng yíxià jiù kěndìng néng lúndào zìjǐ le, suǒyǐ
日本人 认为 拥挤 的 时候 排队 是 最好 的。
Rìběnrén rènwéi yōngjǐ de shíhou páiduì shì zuìhǎo de.

▷原来要这样排队！
Yuánlái yào zhèyàng páiduì!

田中 電車が来ましたが、この列の人はまだ乗れません。右側の人たちが乗ったら、次が私たちの番です。

田 ああ、こうやって右側に移動するんですね。

田中 はい。そうすると私たちの左側にまた新しく来た人たちが列を作ります。こうした並び方はとても混雑する駅や時間帯に行われるんですが、ほら、今も駅員さんがスピーカーで説明していますよ。

田 日本にはいろいろな並び方があるんですね。さっきコンビニではお客さんたちが一列に並び、順番に空いたレジに向かっていました。

田中 それぞれのレジの前に並ぶより公平でしょう。トイレもあのような並び方をします。

田 みんな自発的に並び、割り込む人もいませんね。

田中 はい。少し待っていれば必ず自分の番が来ますから、混んでいる時は並ぶのが一番、と日本人は思っているんです。

▶ 単語＆表現

虽然 suīrán：〜とはいえ
这列人还不能上车：この列の人はまだ乗車するわけにはいきません。"不能"は「不可能」ではなく「禁止」の意味合い（⇒ p.162）。「禁止」の助動詞には"不可以"もあるがあまり使われない。
轮到 lúndào：(順番が) 〜まで回ってくる
拥挤 yōngjǐ：混み合う
采用 cǎiyòng：採用する
喇叭 lǎba：スピーカー

解释 jiěshì：説明する
排成一排 páichéng yì pái：一列になる
收银台 shōuyíntái：レジ
比起 bǐqi：〜と比べると（⇒ p.126）
分别 fēnbié：それぞれ、別々に
各个 gège：それぞれ、各
自愿 zìyuàn：自分から進んで [率先して] する。"愿"は"愿意 yuànyi"（〜したいと思う）と同じ意味。
抢先 qiǎngxiān：先を争う
稍微 shāowēi：少し、いくらか
肯定 kěndìng：必ず、まちがいなく

▶ 説明のポイント

1. "按顺序走向没客人的收银台"の"按"は介詞で「(ある基準に)照らして、応じて」の意。"按照 ànzhào"も同じ意味だが、"按"が口語でも書き言葉でも使えるのに対し、"按照"は多く書き言葉に使われる。

例：**按水平的高低分班** àn shuǐpíng de gāodī fēnbān（レベルに合わせてクラス分けする）

按一个人二十块算，五个人得一百块。 Àn yí ge rén èrshí kuài suàn, wǔ ge rén děi yì bǎi kuài.（一人当たり20元で計算すると、5人で100元かかる）

2. 電車やバスでの注意事項やアナウンスの内容を伝える表現を見てみよう。駅でよく耳にする「駆け込み乗車はおやめください」は"请不要急跑上车。Qǐng búyào jí pǎo shàng chē."。

電車が遅れている場合は
「信号故障のため遅れが出ています」
信号灯发生了故障所以有电车晚点。 Xìnhàodēng fāshēngle gùzhàng suǒyǐ yǒu diànchē wǎndiǎn.
「線路に人の立ち入りがあったため電車が遅れています」
有人走入行车轨道，所以电车晚点了。 Yǒu rén zǒurù xíngchē guǐdào, suǒyǐ diànchē wǎndiǎn le.
などと事情を説明しよう。

また、目的の駅に停車するかどうかを
「快速ではこの駅には停まらないので、各駅停車に乗ってください」
快速电车在这个站不停，请乘坐慢车。 Kuàisù diànchē zài zhège zhàn bù tíng, qǐng chéngzuò mànchē.
と教えてあげたり、乗り換えの際に迷っている人がいたら
「改札を出てから乗り換えます」
走出检票口即可换乘。 Zǒuchu jiǎnpiàokǒu jí kě huànchéng.
などと伝えてあげると親切。

Part2　4. 交通機関を利用する

▶ 応用フレーズ

(1) 前の人たちが乗ったら、次が私たちの番です。

　　前边的人上车之后才轮到我们。
　　Qiánbiān de rén shàng chē zhīhòu cái lúndào wǒmen.

　　隣の人たちが乗ったら、次が私たちの番です。

　　旁边的人上车之后才轮到我们。
　　Pángbiān de rén shàng chē zhīhòu cái lúndào wǒmen.

　　前のグループが案内されたら、次が私たちの番です。

　　前面的团体被领着入座之后才轮到我们。
　　Qiánmiàn de tuántǐ bèi lǐngzhe rùzuò zhīhòu cái lúndào wǒmen.

(2) 順番に空いた ATM に向かってください。

　　按顺序走向空出来的 ATM。
　　Àn shùnxù zǒuxiàng kòngchulai de ATM.

　　順番に空いたカウンターで手続きをしてください。

　　按顺序走向空着的柜台办理手续。
　　Àn shùnxù zǒuxiàng kòngzhe de guìtái bànlǐ shǒuxù.

　　先着順に申し込みを受け付けます。

　　按到达的先后顺序办理申请手续。
　　Àn dàodá de xiānhòu shùnxù bànlǐ shēnqǐng shǒuxù.

　　ルールに従って行動してください。

　　请按规则行动。
　　Qǐng àn guīzé xíngdòng.

5. 旅館に泊まる
下榻旅馆　Xiàtà lǚguǎn

▷浴衣のえりは右が下

TRACK 37

ツアー観光で箱根の温泉旅館に来た上海の若いビジネスウーマンの李 (Lǐ) さん。初めての浴衣体験にうきうきしています。

李： 这个 怎么 穿 啊?
Zhège zěnme chuān a?

田中： 首先 先 从 右边 穿, 然后 左边 的领子 要 叠在 右 领子 的 上边。 左右 是 绝对 不 能 反 的。
Shǒuxiān xiān cóng yòubiān chuān, ránhòu zuǒbiān de lǐngzi yào diézài yòu lǐngzi de shàngbiān. Zuǒyòu shì juéduì bù néng fǎn de.

李： 为 什么 呢? 非常 重要 吗?
Wèi shénme ne? Fēicháng zhòngyào ma?

田中： 是的, 这 是 很 重要 的 规定。 因为 给死去的人 穿 的 时候 是 右 领子 在 上, 左 领子 在 下 的。
Shì de, zhè shì hěn zhòngyào de guīdìng. Yīnwei gěi sǐqù de rén chuān de shíhou shì yòu lǐngzi zài shàng, zuǒ lǐngzi zài xià de.

李： 这 可 真 重要, 我 得 好好 记住。 从 右边 开始 穿, 对 吧。
Zhè kě zhēn zhòngyào, wǒ děi hǎohāo jìzhù. Cóng yòubiān kāishǐ chuān, duì ba.

田中： 对。 长短 刚 好。 这样 来 系上 带子。 这个 很 适合 你。 请 照 镜子。
Duì. Chángduǎn gāng hǎo. Zhèyàng lái jìshang dàizi. Zhège hěn shìhé nǐ. Qǐng zhào jìngzi.

李： 好 漂亮! 我 好像 变成 日本 的女孩儿 了。
Hǎo piàoliang! Wǒ hǎoxiàng biànchéng Rìběn de nǚháir le.

田中： 这 也 可以 作为 睡衣 穿, 在 旅馆里 也 可以 穿着 浴衣 走动。 请 您 好好 体验 一下 吧!
Zhè yě kěyǐ zuòwéi shuìyī chuān, zài lǚguǎnli yě kěyǐ chuānzhe yùyī zǒudòng. Qǐng nín hǎohāo tǐyàn yíxià ba!

▷浴衣的领子要右边在下
Yùyī de lǐngzi yào yòubiān zài xià

李　これ、どうやって着るんですか？

田中　まず右側から着て、右のえりの上に左のえりを重ねます。左右は決して逆にしてはいけません。

李　それはなぜ？　そんなに重大なことなの？

田中　はい、とても大事な決まりです。というのは死んだ人に着せる時は右のえりを上にして、左のえりを下にするからです。

李　それは重大ね。しっかり覚えておかないと。右が先ですね。

田中　はい。丈はぴったりですね。こうして帯を締めます。よくお似合いです。鏡を見てください。

李　あら素敵！　私、日本の女の子になっちゃった。

田中　これは寝間着にもなりますが、これで旅館の中を歩き回っても大丈夫です。楽しんでくださいね。

▶ 単語＆表現

首先 shǒuxiān 〜 **然后** ránhòu... : まず〜して、次に…する
领子 lǐngzi : えり
叠 dié : たたむ、重ねる
反 fǎn : 逆に（する）
给死去的人穿 gěi sǐqù de rén chuān : 死者に着せる。"给"は介詞で「〜のために」。
好好记住 hǎohāo jìzhù : ちゃんと覚える
长短 chángduǎn : 長さ
系 jì : 締める
照镜子 zhào jìngzi : 鏡を見る
好漂亮！ Hǎo piàoliang! : とてもきれい！"好"は副詞で「とても」。
作为 zuòwéi : 〜として
走动 zǒudòng : 歩き回る

▶ 説明のポイント

1. "怎么"には方式を問う「どうやって」と原因を問う「なぜ」の意味がある。ここでは"**怎么穿**？ Zěnme chuān?"(どのように着るんですか？)と方式を聞いている。

2. 「似合う、合う」にはいろいろな言い方がある。ほめ言葉として重宝なので覚えておきたい。

适合 shìhé：似合う、釣り合う、ふさわしい。
例：**这件衣服很适合你。** Zhè jiàn yīfu hěn shìhé nǐ. (この洋服、とてもお似合いです)

相配 xiāngpèi、**般配** bānpèi：釣り合う、ふさわしい。
例：**这帽子跟那件衣服很相配。** Zhè màozi gēn nà jiàn yīfu hěn xiāngpèi.(この帽子はあの服に合います)
他们俩很般配。 Tāmen liǎ hěn bānpèi.(あの二人はお似合いのカップルだ)

合适 héshì：ちょうどよい、ぴったりだ。
例：**你穿这件衣服很合适。** Nǐ chuān zhè jiàn yīfu hěn héshì.
(この洋服、ぴったりですね)

Part2　5. 旅館に泊まる

▶ 応用フレーズ

(1) まず前菜をお召し上がりいただき、次にメインをお持ちします。

首先请您品尝前菜，然后给您上主菜。
Shǒuxiān qǐng nín pǐncháng qiáncài, ránhòu gěi nín shàng zhǔcài.

まず浅草寺を参拝をして、次に東京スカイツリーに登ります。

首先参观浅草寺，然后登东京晴空塔。
Shǒuxiān cānguān Qiǎncǎosì, ránhòu dēng Dōngjīng qíngkōngtǎ.

まずスキーをして、次に温泉に入ります。

首先滑雪，然后泡温泉。
Shǒuxiān huáxuě, ránhòu pào wēnquán.

(2) よく似合っています。お母さんに見せてあげてください。

这个很适合你。请给你妈妈看看。
Zhège hěn shìhé nǐ. Qǐng gěi nǐ māma kànkan.

よく似合っています。後ろを向いてみてください。

这个很适合你。请你转个身看看。
Zhège hěn shìhé nǐ. Qǐng nǐ zhuǎn ge shēn kànkan.

よく似合っています。帯をもう少ししっかり締めるともっと素敵です。

这个很适合你。把腰带再系紧一点儿就更好看了。
Zhège hěn shìhé nǐ. Bǎ yāodài zài jìjǐn yìdiǎnr jiù gèng hǎokàn le.

> ### 通訳案内のワンポイントコラム　「重さ」を何という？
>
> 　本文中の"**长短** chángduǎn"は「長さ」の意味で、「長い短い」と対照的な語を並べる。このような言い方はほかに「大きさ」"**大小** dàxiǎo"、「太さ」"**粗细** cūxì"、「高さ」"**高低** gāodī"（ほかに"**高度** gāodù"とも言う）、「深さ」"**深浅** shēnqiǎn"。みな対照的な語を並べる"**长短**"タイプだ。
> 　ところが「重さ」は"**重轻**"とは言わず、"**重量** zhòngliàng"、"**分量** fènliàng"などと言う。ただし"**轻重** qīngzhòng"という言い方があり、「重さ」の意味でも使わないことはないが、一般に「(事柄の) 重要さ」や「(言葉や行為の) 程度、度合い」など抽象的な意味で使われる。

▷玄関はなぜフラットじゃないの？

本日の宿に到着した陳 (Chén) さん。玄関に入ると、旅館の従業員が出迎えてくれました。まずは靴を脱ぎ、スリッパに履き替えます。

陈： 刚刚 我们 在 寺院 脱了 鞋子 后 进行 参观。在 这里 也
Gānggāng wǒmen zài sìyuàn tuōle xiézi hòu jìnxíng cānguān. Zài zhèli yě
要 脱 鞋 啊。脱 鞋 有点 不 方便。
yào tuō xié a. Tuō xié yǒudiǎn bù fāngbiàn.

田中：日本 的 酒店、政府 办公厅、企业 等 是 欧美 式，进门
Rìběn de jiǔdiàn、zhèngfǔ bàngōngtīng、qǐyè děng shì Ōu-Měi shì, jìnmén
时 不用 脱 鞋。但是 和式 旅馆 和 家里 是 要 把 鞋 脱了
shí búyòng tuō xié. Dànshì héshì lǚguǎn hé jiāli shì yào bǎ xié tuōle
然后 换上 拖鞋 的。
ránhòu huànshang tuōxié de.

陈： 昨天 去 的 居酒屋 也 是 这样。还 有，脱 鞋 的 地方 都 是
Zuótiān qù de jūjiǔwū yě shì zhèyàng. Hái yǒu, tuō xié de dìfang dōu shì
要 矮 一 截 的。
yào ǎi yì jié de.

田中：是 的。脱 鞋 的 地方 叫 "玄关"，这里 是 没有 铺 地板 的，
Shì de. Tuō xié de dìfang jiào "xuánguān", zhèli shì méiyou pū dìbǎn de,
穿着 鞋 直接 踩上去 就 可以。房间 一定 是 要 比
chuānzhe xié zhíjiē cǎishangqu jiù kěyǐ. Fángjiān yídìng shì yào bǐ
玄关 高 一 截 的。
xuánguān gāo yì jié de.

陈： 这 是 为 什么 呢?
Zhè shì wèi shénme ne?

田中：对 日本人 来 说 洁净 是 非常 重要 的。房间 里面 尽
Duì Rìběnrén lái shuō jiéjìng shì fēicháng zhòngyào de. Fángjiān lǐmiàn jǐn
可能 要 保持 干净。脱 鞋 的 习惯 和 以 高低 来 区分 家
kěnéng yào bǎochí gānjìng. Tuō xié de xíguàn hé yǐ gāodī lái qūfēn jiā
里面 和 外面 的 意识 一定 也 是 从 这里 产生 的。
lǐmiàn hé wàimiàn de yìshí yídìng yě shì cóng zhèli chǎnshēng de.

Part2 5. 旅館に泊まる

▷ 为什么进门处不是平的呢？
Wèi shénme jìnménchù bú shì píng de ne?

陳　さっきもお寺で靴を脱いで拝観しました。ここでも靴を脱ぐんですね。靴を脱ぐのはちょっと不便です。

田中　日本のホテルや官公庁、企業などは欧米式で、入るとき靴を脱ぐことはありません。でも和風旅館や個人の家では靴を脱いでスリッパに履き替えます。

陳　昨日行った居酒屋もそうでした。そして靴を脱ぐ場所は必ず一段低くなっているんですね。

田中　はい。靴を脱ぐ場所は「玄関」と言い、床板を敷いていない場所で、靴を履いたままでかまいません。部屋は必ず玄関より一段高くします。

陳　それはなぜなんですか？

田中　日本人にとって清潔であることはとても大事で、部屋の中はできるだけ清潔にしておきたいんですね。靴を脱ぐ習慣も、外と中を高さで分ける意識もきっとここから来ているのでしょう。

▶ 単語＆表現

参观 cānguān：見学する
办公厅 bàngōngtīng：オフィス
拖鞋 tuōxié：スリッパ
居酒屋 jūjiǔwū：居酒屋。もとは日本語だが今では中国でもこれで通じる。
矮 ǎi：低い
一截 yì jié：一段。"截"は量詞で、区切られた一まとまりを数える。例："一截儿木头"（1切れの木材）
铺地板 pū dìbǎn：床板を敷く
踩 cǎi：踏む
洁净 jiéjìng：清潔である
尽可能 jǐnkěnéng：できるだけ
以 yǐ **～ 来区分** lái qūfēn：～で区別する
产生 chǎnshēng：（抽象的な物事が）発生する、生じる

▶説明のポイント

1. "房间一定是要比玄关高一截的"は比較文で、A"**房间**"とB"**玄关**"を比較している。比較した結果はBの後ろに置き、その差異"**一截**"（一段分）は形容詞の後ろに置く。「部屋は玄関より一段高い」となる。"比"の前の"**要**"は「～のはずだ、～のようだ」という推察の意味を持ち、比較文によく使われる。ここではこの比較文に"**一定是～的**"（必ず～だ）という表現が入り、全体で「部屋は必ず玄関より一段高くするのです」となる。

2. 日本に来た中国人がとまどうのが、靴を脱いで上がるタイプの居酒屋。

「靴は脱いでこの下駄箱に入れてください」
  请把鞋脱下来放到这个鞋柜里。 Qǐng bǎ xié tuōxialai fàngdào zhège xiéguìli.

などと教えてあげよう。
番号札を各自で管理する場合には
「番号札を各自お持ちください」
  请各位拿好自己的柜号牌。 Qǐng gèwèi náhǎo zìjǐ de guìhàopái.

と伝え、
「番号札をなくさないでください。なくすと靴を出せなくなってしまいます」
  请不要弄丢柜号牌。弄丢了的话就没办法把鞋子拿出来了。 Qǐng búyào nòngdiū guìhàopái. Nòngdiūle dehuà jiù méi bànfǎ bǎ xiézi náchulai le.

などと声をかけておくと、帰り際に靴が取り出せなくなるといったことが防げるかもしれない。

Part2　5. 旅館に泊まる

▶ 応用フレーズ

(1) 坐る場所は必ず地面より一段高くします。

要坐的地方一定是要比地面高一截的。
Yào zuò de dìfang yídìng shì yào bǐ dìmiàn gāo yì jié de.

この店の価格は他の店より高くなっています。

这家商店的标签价比其他商店的高出一截。
Zhè jiā shāngdiàn de biāoqiānjià bǐ qítā shāngdiàn de gāochu yì jié.

今日は昨日より気温がだいぶ高いです。

今天比昨天的气温高出一截。
Jīntiān bǐ zuótiān de qìwēn gāochu yì jié.

(2) 回転寿司店ではお皿の色によって値段を区別します。

回转寿司店是以盘子的颜色来区分价格的。
Huízhuǎn shòusīdiàn shì yǐ pánzi de yánsè lái qūfēn jiàgé de.

新鮮さで価値を決めます。

以新鲜程度决定价值。
Yǐ xīnxiān chéngdù juédìng jiàzhí.

傷の有無によって良い品と悪い品を区別します。

以有无伤痕决定商品的好坏。
Yǐ yǒu wú shānghén juédìng shāngpǐn de hǎo huài.

通訳案内のワンポイントコラム　日本の家と中国の家

　かつて中国では家（アパート）は国から支給されていた。家では基本的に靴を脱ぐ習慣はなかった。20年ほど前からマンションなどを自分で買うことが奨励されるようになり、新築のマンションを買った人は入り口で靴を脱ぎ、スリッパに履き替えるようになった。そうした入り口には靴箱のようなものがあったりして、日本のマンションの玄関によく似ている。しかし入り口が土間ではなく部屋とひとつながりになっている。これは欧米でも同じ。高低差をつけて内と外を分けたいという意識は日本独特のものかもしれない。

　こうした日中の違いをわかった上で説明すると、中国人が日本を見る面白さが倍増するかもしれない。

▷温泉の入り方

文 (Wén) さんは日本の温泉は初めてです。楽しみにしてきたのですが、実際に入るとなると、何だか心配です。

文： 据说 泡 日本 的 温泉 有 很 多 规矩 呢。
Jùshuō pào Rìběn de wēnquán yǒu hěn duō guīju ne.

田中： 有 是 有，但 没有 那么 多。比如 泡 温泉 之前 要 洗干净 身体 啦，在 温泉 中 不 能 使用 毛巾 啦。
Yǒu shì yǒu, dàn méiyou nàme duō. Bǐrú pào wēnquán zhīqián yào xǐgānjìng shēntǐ la, zài wēnquán zhōng bù néng shǐyòng máojīn la.

文： 那是为了不 弄脏 温泉 的 水 吧。
Nà shì wèile bú nòngzāng wēnquán de shuǐ ba.

田中： 是 的。对 了，还 有 一 个。在 中国 一般 都 是 站着 淋浴，但 在 日本 是 坐着。
Shì de. Duì le, hái yǒu yí ge. Zài Zhōngguó yìbān dōu shì zhànzhe línyù, dàn zài Rìběn shì zuòzhe.

文： 坐着 吗?
Zuòzhe ma?

田中： 是 的。各自 坐在 小凳子上 清洗 身体 或者 淋浴。在 那 种 地方 站着 淋浴 的话 会 溅到 别人 身上 的，所以 旁边 有 人 的 时候 坐着 淋浴。
Shì de. Gèzì zuòzài xiǎodèngzishang qīngxǐ shēntǐ huòzhě línyù. Zài nà zhǒng dìfang zhànzhe línyù dehuà huì jiàndào biérén shēnshang de, suǒyǐ pángbiān yǒu rén de shíhou zuòzhe línyù.

文： 日本人 真 是 很 照顾 他人 的 感受 呢。
Rìběnrén zhēn shì hěn zhàogù tārén de gǎnshòu ne.

田中： 您 太 客气 了。接下来 请 您 尽情 地 享受 温泉。
Nín tài kèqi le. Jiēxialai qǐng nín jìnqíng de xiǎngshòu wēnquán.

Part2　5. 旅館に泊まる

▷如何泡温泉
Rúhé pào wēnquán

文　日本の温泉に入るにはいろいろ決まりがあるそうですね。

田中　あることはありますが、そんなに多くはありません。たとえば温泉に入る前に体をちゃんと洗うとか、温泉の中でタオルを使ってはいけないとか。

文　それは温泉のお湯を汚さないためなんですね。

田中　そうです。そうそう、もう一つありました。中国では一般に立ってシャワーを使いますが、日本では座って使います。

文　座ってですか？

田中　はい。温泉ではそれぞれが小さな腰かけに座って体を洗ったりシャワーを浴びたりします。そういう場所で立ってシャワーを使うとほかの人の体にかかってしまいますので、そばに人がいる時は座ってシャワーを使います。

文　日本人はとても人に気を遣うんですね。

田中　いえいえ。あとはどうぞお好きなように温泉を楽しんでください。

▶単語＆表現

泡温泉 pào wēnquán：温泉につかる
规矩 guīju：決まり
毛巾 máojīn：タオル
弄脏 nòngzāng：汚す
温泉的水 wēnquán de shuǐ：温泉のお湯。"水"には温度の概念はないので、「水」を指す場合も「お湯」を指す場合もある。
淋浴 línyù：シャワー（を浴びる）

凳子 dèngzi：腰掛け、背もたれのない椅子
清洗 qīngxǐ：きれいに洗う
溅到 jiàndào～：～にはね跳ぶ
照顾 zhàogù：考慮する、気遣う
感受 gǎnshòu：感じる（こと）。ここでは「気持ち」。
尽情 jìnqíng：思う存分、思いきり
享受 xiǎngshòu：楽しむ、享受する

161

▶ 説明のポイント

1. マナーやルール、禁止事項を伝える際には "不能" という表現が便利。また "禁"(禁止する)、"禁止"(禁止する)、"规定"(規定する、定める⇒ p. 68) などの動詞もよく使われる。

例：**火山活动有些频繁，不能进入登山路线。** Huǒshān huódòng yǒuxiē pínfán, bù néng jìnrù dēngshān lùxiàn.

（火山活動が活発なので、登山ルートには入れません）

这里规定身高低于一米的儿童不能进去。 Zhèli guīdìng shēngāo dīyú yì mǐ de értóng bù néng jìnqu.

（ここの規則では身長が1メートル以下の子供は入れません）

禁止越过围栏。 Jìnzhǐ yuèguò wéilán.

（柵を越えることは禁止されています）

2. "尽情" は「思う存分」という意味。
请尽情畅谈。 Qǐng jìnqíng chàngtán.（どうぞ心ゆくまでご歓談ください）
のように使う。

食事の際の「どうぞごゆっくりお召し上がりください」は

请您慢慢享用。 Qǐng nín mànmān xiǎngyòng.

忙しい相手に、1日の最後に何か一言かける際には

说是明天有商务谈判。那么今晚请好好休息养精蓄锐。 Shuō shì míngtiān yǒu shāngwù tánpàn. Nàme jīnwǎn qǐng hǎohāo xiūxi yǎng jīng xù ruì.

（明日はビジネス交渉があるとか。それでは今夜はどうぞごゆっくりお休みいただき、英気を養ってください）

などと気遣う気持ちを伝えたい。

▶ 応用フレーズ

(1) それはお風呂のお湯を汚さないためです。

那是为了不弄脏澡盆里的水。
Nà shì wèile bú nòngzāng zǎopénli de shuǐ.

紙エプロンは洋服を汚さないためです。

纸围裙是为了不弄脏衣服。
Zhǐwéiqun shì wèile bú nòngzāng yīfu.

玄関にマットを敷くのは部屋を汚さないためです。

在门口铺垫子是为了不弄脏房间。
Zài ménkǒu pū diànzi shì wèile bú nòngzāng fángjiān.

(2) あの男性は奥さんにとても気を遣います。

那位先生很照顾他太太的感受。
Nà wèi xiānsheng hěn zhàogù tā tàitai de gǎnshòu.

彼女は人にとても気を遣います。

她很照顾他人的感受。
Tā hěn zhàogù tārén de gǎnshòu.

あの看護師さんは病人にとても気を遣います。

那位护士很照顾病人的感受。
Nà wèi hùshi hěn zhàogù bìngrén de gǎnshòu.

6. 日本の文化・生活に親しむ

近距离接触日本文化、生活　Jìn jùlí jiēchù Rìběn wénhuà、shēnghuó

▷日本で○ってどういう意味？

TRACK 40

企業研修で香港から来た王 (Wáng) さん。テレビ番組の出演者が司会者の質問に合わせて○や×のプラカードを上げたりする様子を目にしました。

王： 节目　中　日本人　用　的　○　和　×　是　什么　意思呢?
　　 Jiémù zhōng Rìběnrén yòng de quān hé chā shì shénme yìsi ne?

田中： ○　是　"正确"　或　是"我 也　赞同"的　意思。×　是"错误"
　　　 Quān shì "zhèngquè" huò shì "wǒ yě zàntóng" de yìsi. Chā shì "cuòwù"

　　　 或　是"不　赞同"的　意思。
　　　 huò shì "bú zàntóng" de yìsi.

王： 在　中国　如果要　表达　"正确"　的话, 会　用　"对"这个
　　 Zài Zhōngguó rúguǒ yào biǎodá "zhèngquè" dehuà, huì yòng "duì" zhège

　　 字, 或　是　用　笑脸　的　表情　符号　等。
　　 zì, huò shì yòng xiàoliǎn de biǎoqíng fúhào děng.

田中： 我　以为　全世界　都　用　○　来　表达　"正确"的　意思。在
　　　 Wǒ yǐwéi quánshìjiè dōu yòng quān lái biǎodá "zhèngquè" de yìsi. Zài

　　　 中国　对试卷　中　的　正确　答案也不会用　○。
　　　 Zhōngguó duì shìjuàn zhōng de zhèngquè dá'àn yě bú huì yòng quān.

王： "正确"　的话是　✔, "错误"是　×。在　日本不是这样的
　　 "Zhèngquè" dehuà shì gōu, "cuòwù" shì chā. Zài Rìběn bú shì zhèyàng de

　　 吗?
　　 ma?

田中： 在　日本　"正确"　是　○。"错误"　用　×, 但是　考试　的
　　　 Zài Rìběn "zhèngquè" shì quān. "Cuòwù" yòng chā, dànshì kǎoshì de

　　　 时候　不　正确　的也用　✔。
　　　 shíhou bú zhèngquè de yě yòng gōu.

王： 原来　符号的　用法　因　国　而　异啊。
　　 Yuánlái fúhào de yòngfǎ yīn guó ér yì a.

Part2　6. 日本の文化・生活に親しむ

▷在日本○是什么意思？
Zài Rìběn quān shì shénme yìsi?

王　日本人がテレビ番組の中で使っていた○や×にはどういう意味があるんですか？

田中　○は「正しい」、または「そう思う」という意味です。×は「間違っている」、または「そう思わない」という意味です。

王　中国では「正しい」という意味なら、「対」という漢字やニコニコ顔のマークを使ったりするんですよ。

田中　○で「正しい」という意味を表すのは世界共通だと思っていました。中国ではテストの正解にも○はつけませんね。

王　「正しい」は✔、「間違い」は×です。日本では違うんですか？

田中　日本では「正しい」は○です。「間違い」は×を使いますが、テストでは不正解のときに「✔」も使われます。

王　マークの意味は国によって違うんですね。

▶ 単語＆表現

节目 jiémù：番組、プログラム
正确 zhèngquè：正しい、適切である
错误 cuòwù：間違っている、間違い
表达 biǎodá：表す。"用〜来表达…"（〜で…を表す）の"来"は、動詞（句）と動詞（句）の間に用いて、前半が方法・態度を、後半が目的を表す用法（⇒ p.60）
笑脸 xiàoliǎn：笑顔。"笑脸的表情符号"は「ニコニコマーク ☺」。
以为 yǐwéi：思い込む
试卷 shìjuàn：答案用紙
不会用 bú huì yòng：使ったりしない。ここの"会"は蓋然性（〜のはずだ）を表す。
原来 yuánlái：なんと（〜だったのか！）
因国而异 yīn guó ér yì：国によって違う

165

► **説明のポイント**

1. 「正しい」は"正确"あるいは"对"と言う。日本語の「正確である」は"准确"と訳すことが多く、中国語の"正确"と必ずしも同じ意味ではないことに注意。「間違っている」は"错"または"错误"。

2. ○(まる)や×(ばつ)、✓(チェック)はそれぞれ、"圈 quān"、"叉 chā"、"勾 gōu"という漢字を当てる。ほかにもよく見る記号の中国語を少し挙げよう。

   ( )(カッコ)は"括号 kuòhào"。
   -(ハイフン)は"连字号 liánzìhào"。
   ……は"省略号 shěnglüèhào"。

   メールの＠(アットマーク)はそのまま"at"または"a 圈"、さらには"爱她"と呼ぶ人もいるとか。

3. "因 ～ 而 …"で「～に基づいて［～に応じて］…する」という意味。書面語的な言い方。

   たとえば"因事而异 yīn shì ér yì"(事に応じて異なる)、"因时而异 yīn shí ér yì"(時に応じて異なる)のように使う。

   "因人而施 yīn rén ér shī"は「人によって対応を変える」。また"因材施教 yīn cái shī jiào"(相手に応じて異なった教育をする)という言い方もある。

▶ 応用フレーズ

(1) 赤い色が「おめでたい」ことを表すのは世界共通だと思っていました。

我以为全世界都用红色来表达 "吉祥" 的意思。
Wǒ yǐwéi quánshìjiè dōu yòng hóngsè lái biǎodá "jíxiáng"de yìsi.

コンセントの形は世界共通だと思っていました。

我以为全世界的插座形状都是一样的。
Wǒ yǐwéi quánshìjiè de chāzuò xíngzhuàng dōu shì yíyàng de.

猫が魚を好きなのは世界共通だと思っていました。

我以为全世界的猫都喜欢吃鱼。
Wǒ yǐwéi quánshìjiè de māo dōu xǐhuan chī yú.

(2) 教育の状況は国によって異なります。

教育的情况因国而异。
Jiàoyù de qíngkuàng yīn guó ér yì.

我が国には医療の質が地域によって異なるという問題があります。

我国存在医疗水平因地而异的问题。
Wǒ guó cúnzài yīliáo shuǐpíng yīn dì ér yì de wèntí.

桜の開花時期は地域によって異なります。

樱花的花期因地而异。
Yīnghuā de huāqī yīn dì ér yì.

▷日本の女性は地味な色が好き？

TRACK 41

北京から来た観光客の劉 (Liú) さん。初めて乗る日本の電車の中で、ふと、女性の服装に目を止めました。

刘： 日本 的 女性 原来 喜欢 素雅 的 颜色 啊。
Rìběn de nǚxìng yuánlái xǐhuan sùyǎ de yánsè a.

田中： 为 什么 这么 说？
Wèi shénme zhème shuō?

刘： 你 看，那个 女孩儿 穿着 黑色，旁边 的 穿着 灰色，她 的 旁边 也 是 黑色。大家 为 什么 都 选 素雅 的 颜色 呢？
Nǐ kàn, nàge nǚháir chuānzhe hēisè, pángbiān de chuānzhe huīsè, tā de pángbiān yě shì hēisè. Dàjiā wèi shénme dōu xuǎn sùyǎ de yánsè ne?

田中： 如果 是 中国 的 年轻 的 女孩子 的话，她们 会 选 什么 颜色 呢？
Rúguǒ shì Zhōngguó de niánqīng de nǚháizi dehuà, tāmen huì xuǎn shénme yánsè ne?

刘： 大家 会 穿 更 艳 的 颜色。
Dàjiā huì chuān gèng yàn de yánsè.

田中： 确实 在 日本，年轻 人 和 上 年纪 的 人 比起 花哨 的 颜色 都 比较 喜欢 素雅 的 颜色。
Quèshí zài Rìběn, niánqīng rén hé shàng niánjì de rén bǐqi huāshao de yánsè dōu bǐjiào xǐhuan sùyǎ de yánsè.

刘： 不 喜欢 红色 和 黄色 之类 的 颜色 吗？
Bù xǐhuan hóngsè hé huángsè zhī lèi de yánsè ma?

田中： 也 不 是 不 喜欢，可能 作为 点缀 用在 某 处 的 人 会 比较 多。对 颜色 的 喜好 日中 有 一点 不 同 吧。
Yě bú shì bù xǐhuan, kěnéng zuòwéi diǎnzhuì yòngzài mǒu chù de rén huì bǐjiào duō. Duì yánsè de xǐhào Rì-Zhōng yǒu yìdiǎn bù tóng ba.

▶日本的女性喜欢素雅的颜色？

Rìběn de nǚxìng xǐhuan sùyǎ de yánsè?

劉　日本の若い女性って地味な色が好きなのね。

田中　と言いますと？

劉　ほら、あの子は黒、その隣は灰色、その隣の人も黒を着ています。なんであんな地味な色ばかり選ぶのかしら？

田中　中国の若い女性ならどんな色を選びますか？

劉　みんなもっと華やかな色を着ますよ。

田中　確かに日本では、若い人も年配の人も、派手な色よりも落ち着いた色のほうが好きです。

劉　赤や黄色のような色は嫌いなの？

田中　嫌いではないですが、どちらかというとポイントとして使う人のほうが多いかもしれません。色の好みは日中で少し違いますね。

▶単語&表現

素雅 sùyǎ：質素で気品がある
艳 yàn：色が美しい、鮮やか
确实 quèshí：確かに、間違いなく
上年纪 shàng niánjì：年を取る
比起 bǐqi：〜と比べると（⇒ p.126）
花哨 huāshao：派手である、けばけばしい

作为 zuòwéi：(介詞) 〜として
点缀 diǎnzhuì：引き立たせる、飾りを添える
用在 yòngzài：〜に用いる。動詞に結果補語がついた形。
某处 mǒu chù：とある場所

▶説明のポイント

1. 「赤」は一般に"红(色)"と言い、"赤"は使わない。"赤"は"赤裸 chìluǒ"(裸である)のように、「むき出しの、あらわな」といった意味で使われる。

 ほかにも中国語の色の名前を紹介する。以下の ①〜⑩ は何色を表すか考えてみよう。

① **米色** mǐsè ② **粉色** fěnsè ③ **肉色** ròusè ④ **蓝色** lánsè
⑤ **浅蓝色** qiǎnlánsè ⑥ **红色** hóngsè ⑦ **奶油色** nǎiyóusè
⑧ **酒红色** jiǔhóngsè ⑨ **藏青色** zàngqīngsè ⑩ **咖啡色** kāfēisè

【答え】① ベージュ ② ピンク ③ 肌色 ④ 青 ⑤ 水色 ⑥ 赤
⑦ クリーム色 ⑧ ワインレッド ⑨ 紺色 ⑩ 茶色

 意外にも、「茶色」には"茶色"はあまり使われないらしい。お茶の色には茶色も緑色もあるので、誤解を招きうるからかもしれない。
 また、それぞれの色には固有のイメージがある。中国語で「赤」はおめでたい、または共産党などのイメージ。「黄色」はもともとは皇帝の色、近代以降はポルノ的なイメージも。「白」は葬式の色、「黒」は一般に反社会的なイメージ。

2. "点缀 diǎnzhui"は、あるものを飾りまたは引き立て役として置くことで、もともとあるものをいっそう美しくすること。たとえば"百花点缀的春天多美啊! Bǎihuā diǎnzhui de chūntiān duō měi a!"(たくさんの花に彩られた春はなんて美しいんだろう)、"这张画把房间点缀得更典雅了。Zhè zhāng huà bǎ fángjiān diǎnzhuide gèng diǎnyǎ le."(この絵は部屋を一層優雅にした)などと使う。
 本文では、"作为点缀用在某处的人"(飾りとしてある場所に用いる人)が"会比较多"(割に多いだろう)という文で使われている。

Part2 6. 日本の文化・生活に親しむ

▶応用フレーズ

(1) もし中国の若者なら、どんな色を選びますか？

如果是中国的年轻人的话，他们会选什么颜色呢?
Rúguǒ shì Zhōngguó de niánqīng rén dehuà, tāmen huì xuǎn shénme yánsè ne?

台湾の子どもたちなら、どんなおもちゃを欲しがりますか？

如果是台湾的小朋友的话，他们会想要什么玩具呢?
Rúguǒ shì Táiwān de xiǎopéngyou dehuà, tāmen huì xiǎng yào shénme wánjù ne?

上海の若い女性なら、どんなプレゼントを喜びますか？

如果是上海的年轻女性的话，她们会喜欢什么礼物呢?
Rúguǒ shì Shànghǎi de niánqīng nǚxìng dehuà, tāmen huì xǐhuan shénme lǐwù ne?

(2) だしの味は関東と関西で少し違います。

汤汁的味道关东和关西有一点不同。
Tāngzhī de wèidào Guāndōng hé Guānxī yǒu yìdiǎn bù tóng.

雪の質は北海道と新潟で少し違います。

雪的质感北海道和新潟有一点不同。
Xuě de zhìgǎn Běihǎidào hé Xīnxì yǒu yìdiǎn bù tóng.

言葉に対する感覚は年齢で多少違います。

对语言的感觉会因年龄有一点不同。
Duì yǔyán de gǎnjué huì yīn niánlíng yǒu yìdiǎn bù tóng.

▶通訳案内のワンポイントコラム　色のイメージと色を使った表現

「説明のポイント1」の色のイメージも参考にしながら、以下の色が使われた表現はどういう意味になるか、選んでみよう。

① **红事** hóngshì　② **红包** hóngbāo　③ **红运** hóngyùn　④ **黄袍** huángpáo
⑤ **黄色** huángsè　⑥ **黄牛** huángniú　⑦ **白事** báishì　⑧ **白粉** báifěn
⑨ **黑社会** hēishèhuì　⑩ **黑市** hēishì
(a. ヘロイン　b. ご祝儀　c. 結婚式　d. 葬式　e. 暴力団　f. ポルノ　g. 皇帝の衣装
h. 幸運　i. ダフ屋　j. 闇市)
【答え】①c ②b ③h ④g ⑤f ⑥i ⑦d ⑧a ⑨e ⑩j

▷「娘」ってそういう意味だったの！

マレーシアから来た黄 (Huáng) さん、入った食堂の店主と筆談でおしゃべりを楽しんでいます。店主がそばにいた小さな可愛い女の子を指さして「娘」と紙に書きました。黄さんはびっくりです。

黄： 铃木 先生，他 叫 这个 小女孩儿 "娘" 是 怎么 回 事?
Língmù xiānsheng, tā jiào zhège xiǎonǚháir "niáng" shì zěnme huí shì?

铃木：日语 中 "娘" 的 意思 和 中文 不 一样。在 日语 中
Rìyǔ zhōng "niáng" de yìsi hé Zhōngwén bù yíyàng. Zài Rìyǔ zhōng
是 "自己 的 女儿" 或者 "年轻 女性" 的 意思。
shì "zìjǐ de nǚ'ér" huòzhě "niánqīng nǚxìng" de yìsi.

黄： 不 是 "母亲" 的 意思 吗?
Bú shì "mǔqin" de yìsi ma?

铃木： 完全 没 有 "母亲" 的 意思。
Wánquán méi yǒu "mǔqin" de yìsi.

黄： 因为 用 同样 的 汉字，我 以为 意思 也 一样。
Yīnwei yòng tóngyàng de Hànzì, wǒ yǐwéi yìsi yě yíyàng.

铃木：有 意思 一样 的，但 也 有 意思 完全 不 同 或者 是 有
Yǒu yìsi yíyàng de, dàn yě yǒu yìsi wánquán bù tóng huòzhě shì yǒu
细微 语义 的 差别 的。
xìwēi yǔyì de chābié de.

黄： 意思 完全 不 同，比如 说?
Yìsi wánquán bù tóng, bǐrú shuō?

铃木："手纸" 是 "信" 的 意思，"妖精" 是 "小仙女" 的 意思。
"Shǒuzhǐ" shì "xìn" de yìsi, "yāojing" shì "xiǎoxiānnǚ" de yìsi.

黄： 是 吗?! 原来 是 这样! 在 汉语里 "手纸" 是
Shì ma?! Yuánlái shì zhèyàng! Zài Hànyǔli "shǒuzhǐ" shì
"卫生纸"，"妖精" 是 "怪物" 或者 "不 知 廉耻 的 女人"
"wèishēngzhǐ", "yāojing" shì "guàiwu" huòzhě "bùzhī liánchǐ de nǚrén"
的 意思!
de yìsi!

▷"娘"竟然是这个意思！
"Niáng" jìngrán shì zhège yìsi!

黄　鈴木さん、この子が「娘」ってどういうこと？

鈴木　「娘」の意味が中国語とは違うんですよ。日本語では「自分の女の子供」あるいは「若い女性」を意味します。

黄　「お母さん」という意味ではないんですか？

鈴木　「お母さん」という意味はまったくありません。

黄　同じ漢字を使っているから、同じ意味だと思っていました。

鈴木　同じ意味になることもありますが、まったく違う意味になることや、ニュアンスがやや異なることもあるんです。

黄　まったく違う意味になるって、たとえばどんなものがありますか？

鈴木　「手紙」は「郵便物」の意味ですし、「妖精」は「フェアリー」です。

黄　ええっ！　そうなの！　中国語で「手紙」は「トイレットペーパー」、「妖精」は「化け物」とか「恥知らずの女」のことですよ！

▶ 単語＆表現

娘 niáng：お母さん。"妈(妈)mā(ma)"と同様、呼びかけにも用いる。なお"娘"が「若い女性」を意味することもあるが、その場合には"姑娘 gūniang"（未婚の女性、女の子）、"新娘 xīnniáng"（新婦）のように、語の一部として使われる。

母亲 mǔqin：母、母親。改まった言い方で、呼びかけには用いない。

细微 xìwēi：わずかな

语义 yǔyì：語義、語の意味

差别 chābié：違い、区別

妖精 yāojing：化け物、色香で男を惑わすいやらしい女

原来是这样！ Yuánlái shì zhèyàng!：そういうことだったのか

廉耻 liánchǐ：廉潔で恥を知ること。"不知廉耻"で「破廉恥、恥知らず」。

▶ 説明のポイント

ともすると日中は筆談で通じると思いがちだが、日本語からは思いがけないような意味を持つ中国語もある。以下はいずれも日中ともにある熟語だが、一般に同じ意味にはならない。どういう意味になるか、考えてみよう。

① **看病** kànbìng　② **改行** gǎiháng　③ **亡命** wángmìng　④ **感激** gǎnjī
⑤ **检讨** jiǎntǎo　⑥ **失职** shīzhí　⑦ **高校** gāoxiào　⑧ **女郎** nǚláng
⑨ **约束** yuēshù　⑩ **亲友** qīnyǒu

【答え】
① **看病**：診察する、または診察を受ける
② **改行**：別な仕事につく
③ **亡命**：a. 逃亡する　b. 命知らず
④ **感激**：人の好意に感動し感謝する
⑤ **检讨**：a. 反省する　b. 主に学術上のものを対象に調査研究する
⑥ **失职**：職責を果たさない
⑦ **高校**：総合大学や単科大学の総称
⑧ **女郎**：若い女性
⑨ **约束**：束縛する
⑩ **亲友**：親戚と友人

このような違いには気をつけなければならないと同時に、この話題で中国人と盛り上がっても楽しいかもしれない。
「みなさん、日本語で『高校』ってどういう意味だと思いますか？」
　你们猜一猜，日语的高校是什么意思？ Nǐmen cāi yi cāi, Rìyǔ de gāoxiào shì shénme yìsi?
などと聞いてみよう。

Part2 6. 日本の文化・生活に親しむ

▶ 応用フレーズ

(1) 日本では患者は医者のことを「先生」と呼びます。

　　在日本患者叫医生 "先生"。
　　Zài Rìběn huànzhě jiào yīshēng "xiānsheng".

　　客は女性の店主のことを「女将さん」と呼びます。

　　客人叫女店主 "老板娘"。
　　Kèrén jiào nǚ diànzhǔ "lǎobǎnniáng".

　　王さんは宋さんのことを「宋社長」と呼びます。

　　王先生叫宋先生 "宋总"。
　　Wáng xiānsheng jiào Sòng xiānsheng "Sòng zǒng".

(2) 成功するものもありますが、成功しないものもあります。

　　有成功的，但也有不成功的。
　　Yǒu chénggōng de, dàn yě yǒu bù chénggōng de.

　　日中で同じ漢字もありますが、そうでないものもあります。

　　日中之间有相同的汉字，也有不同的。
　　Rì-Zhōng zhī jiān yǒu xiāngtóng de Hànzì, yě yǒu bù tóng de.

　　値段が同じものもあれば、そうでないものもあります。

　　有价格相同的东西，也有不同的。
　　Yǒu jiàgé xiāngtóng de dōngxi, yě yǒu bù tóng de.

▶ 通訳案内のワンポイントコラム　敬意を込めた呼びかけ

　中国語で相手に丁寧に呼びかける場合、男性と女性で表現が変わるので注意したい。男性には "先生 xiānsheng"、女性には "女士 nǚshì" と呼びかけよう。名前の後ろにも使われ、"李先生 Lǐ xiānsheng"（李さん）"李女士 Lǐ nǚshì"（李さん）のように使う。"女士们，先生们 Nǚshìmen, xiānshengmen" で「レディスエンドジェントルマン」あるいは「紳士淑女のみなさん」という呼びかけになる。ちなみに「男性」を意味する丁重な表現として "男士 nánshì" もあるが、これは名前の後ろに置く「〜さん」の意味では使わない。

175

▷なんでカラスがこんなに多いの？

ガイドの鈴木さんと一緒に都内を散歩した鄭 (Zhèng) さん、大通りを離れ一歩路地に入ると、カラスの声があちこちから聞こえてきます。

郑： 东京 乌鸦 真 多。个头儿 还 很 大。
Dōngjīng wūyā zhēn duō. Gètóur hái hěn dà.

铃木：是的。不过比以前 少 了 很 多 了。
Shì de. Búguò bǐ yǐqián shǎo le hěn duō le.

郑： 以前 更 多?
Yǐqián gèng duō?

铃木：是 的。乌鸦 乱 翻 垃圾,有时 还 袭击 人,所以 政府 开始 猎捕 乌鸦。
Shì de. Wūyā luàn fān lājī, yǒushí hái xíjī rén, suǒyǐ zhèngfǔ kāishǐ lièbǔ wūyā.

郑： 不是任何人 都 能 猎捕 的 吗?
Bú shì rènhé rén dōu néng lièbǔ de ma?

铃木：有 "鸟兽 保护法"这 部 法律,所以 随便 猎捕 乌鸦 的话 会 被 逮捕 或者 罚款。
Yǒu "niǎoshòu bǎohùfǎ" zhè bù fǎlǜ, suǒyǐ suíbiàn lièbǔ wūyā dehuà huì bèi dàibǔ huòzhě fákuǎn.

郑： 啊? 管得 那么 严 吗?
Á? Guǎnde nàme yán ma?

铃木：是 的。 中国 没 有 乌鸦 吗?
Shì de. Zhōngguó méi yǒu wūyā ma?

郑： 城市里 看不到。 乡下 有 乌鸦。但是 没有 日本 乌鸦 这么 肥。
Chéngshìli kànbudào. Xiāngxia yǒu wūyā. Dànshì méiyou Rìběn wūyā zhème féi.

Part2 6. 日本の文化・生活に親しむ

▷ 为什么乌鸦这么多？
Wèi shénme wūyā zhème duō?

鄭　東京ってカラスが多いですねえ。しかも大きいですね。

鈴木　はい。でも前に比べるとだいぶ減りました。

鄭　前はもっと多かったんですか？

鈴木　ええ。カラスがゴミを荒らしたり、人を襲ったりするようになったものですから、役所が捕獲するようになりました。

鄭　誰でも捕獲できるわけではないんですか？

鈴木　「鳥獣保護法」という法律があって、勝手に捕まえると逮捕されたり罰金を取られたりします。

鄭　ええっ！　そんなに厳しいの？

鈴木　はい。中国ではカラスはいないんですか？

鄭　街中では見かけませんね。田舎にはいますが。でも日本のカラスみたいに太ってはいませんよ。

▶ 単語＆表現

乌鸦 wūyā：カラス
个头儿 gètóur：背丈、（ものの）大きさ
乱 luàn：みだりに、むやみに、でたらめに
翻 fān：ひっくり返す
垃圾 lājī：ゴミ
袭击 xíjī：襲う
猎捕 lièbǔ：捕獲する
任何人 rènhé rén：誰であろうと。"任何"は「いかなる～」。
随便 suíbiàn：勝手である、自由である。例："随你的便。Suí nǐ de biàn."（あなたの都合の良いようにしてください）
罚款 fákuǎn：罰金を取る
管 guǎn：取り締まる
严 yán：厳しい
乡下 xiāngxia：農村、いなか

▶ 説明のポイント

1. "管得那么严吗？"の"管"は「しつける、取り締まる、管理する」。
   例：**对孩子管得很严** duì háizi guǎnde hěn yán
   （子供のしつけがとても厳しい）
   我老婆管得很严 wǒ lǎopo guǎnde hěn yán
   （うちのかみさんは怖いんだ）
   学校管得很严 xuéxiào guǎnde hěn yán
   （学校の管理が厳しい）

2. 中国でカラスは嫌われ者だ。中国人はスズメも鳩も食べるが、カラスだけは絶対に食べない。なぜなら死骸を食べる鳥だから、と聞いたことがある。

   カラスは縁起の悪い鳥の代表だが、"**喜鹊** xǐque"（カササギ）は縁起の良い鳥の代表。七夕の時にたくさんのカササギが橋となって、天の川で隔てられた織姫と彦星を出会わせたという伝説もある。民間の言い伝えに"**喜鹊叫，喜事到；乌鸦叫，灾祸到。**Xǐque jiào, xǐshì dào; wūyā jiào, zāihuò dào."（カササギが鳴くと良いことがやってくる。カラスが鳴くと災いがやってくる）というのがある。日本はいたるところにカラスがいて、中国人観光客には少々気の毒だ。

   「日本では、昔からカラスは神の使いと言われています」"**在日本，自古就有乌鸦是神明的使者的说法。**Zài Rìběn, zìgǔ jiù yǒu wūyā shì shénmíng de shǐzhě de shuōfǎ."などと言ってあげると、少しは気が休まるかもしれない。

Part2 6. 日本の文化・生活に親しむ

▶ 応用フレーズ

(1) 先週に比べるとだいぶ寒くなりました。

比上个星期冷多了。
Bǐ shàng ge xīngqī lěng duō le.

東北は関東に比べてだいぶ紅葉が進んでいます。

东北的叶子比关东红得快多了。
Dōngběi de yèzi bǐ Guāndōng hóngde kuài duō le.

今日は先週に比べるとだいぶ桜が咲いてきました。

今天的樱花比上周开得多多了。
Jīntiān de yīnghuā bǐ shàng zhōu kāide duō duō le.

---

(2) 日本は中国ほど地域の差がはっきりしていません。

日本的地域差异没有中国这么明显。
Rìběn de dìyù chāyì méiyou Zhōngguó zhème míngxiǎn.

東京の道路は北京のように道がまっすぐではありません。

东京的道路没有北京这么直。
Dōngjīng de dàolù méiyou Běijīng zhème zhí.

北海道の冬はハルピンほど寒くありません。

北海道的冬天没有哈尔滨冷。
Běihǎidào de dōngtiān méiyou Hā'ěrbīn lěng.

なぜあんなに大勢の人がマスクをするの？ TRACK 44

呂 (Lǚ) さんは日本の街中でたくさんの人がマスクをしているのを見てびっくり。風邪？ それとも…。

呂： 为 什么 有 这么 多人 都 戴着 口罩?
Wèi shénme yǒu zhème duō rén dōu dàizhe kǒuzhào?

铃木： 现在 流行 感冒，有的 人 是 为了 不 传染给 别人，有的 人 是 因为 防御 感冒。
Xiànzài liúxíng gǎnmào, yǒude rén shì wèile bù chuánrǎngěi biérén, yǒude rén shì yīnwei fángyù gǎnmào.

呂： 戴 口罩 非常 管用?
Dài kǒuzhào fēicháng guǎnyòng?

铃木： 应该 有 一定 的 效果 吧。在 日本 进了 二月，杉树 的 花粉 就 开始 飘落。到 时候 会 有 更 多 的 人 戴 口罩 呢。
Yīnggāi yǒu yídìng de xiàoguǒ ba. Zài Rìběn jìnle èryuè, shānshù de huāfěn jiù kāishǐ piāoluò. Dào shíhou huì yǒu gèng duō de rén dài kǒuzhào ne.

呂： 听说 有 很 多 日本人 都 会 得 花粉症。
Tīngshuō yǒu hěn duō Rìběnrén dōu huì dé huāfěnzhèng.

铃木： 是 的，我 也 有 花粉症。 出门 时 如果 不 戴 口罩 会 很 难受 的。
Shì de, wǒ yě yǒu huāfěnzhèng. Chūmén shí rúguǒ bú dài kǒuzhào huì hěn nánshòu de.

呂： 除了 感冒 和 花粉症 以外，还 有 其他 戴 口罩 的 原因 吗?
Chúle gǎnmào hé huāfěnzhèng yǐwài, hái yǒu qítā dài kǒuzhào de yuányīn ma?

铃木： 我 最近 听说， 年轻 的 女性 害羞 让 人 看到 自己 没 有 化妆 的 姿态，所以 会 戴 口罩。
Wǒ zuìjìn tīngshuō, niánqīng de nǚxìng hàixiū ràng rén kàndào zìjǐ méi yǒu huàzhuāng de zītài, suǒyǐ huì dài kǒuzhào.

呂： 原来 还 有 这 种 用法 啊!
Yuánlái hái yǒu zhè zhǒng yòngfǎ a!

Part2 6. 日本の文化・生活に親しむ

▷ 为什么有那么多人都戴口罩？
Wèi shénme yǒu nàme duō rén dōu dài kǒuzhào?

呂　なんでこんなに大勢の人がマスクをしているんですか？

鈴木　今、風邪が流行っていますから、人にうつさないための人もいますし、予防のためにしている人もいます。

呂　マスクってそんなに効果があるんですか？

鈴木　ある程度は効果があると思います。2月になると日本では杉の花粉が飛び始めますが、そうするとさらに多くの人がマスクをしますよ。

呂　日本人は花粉症にかかる人が多いらしいですね。

鈴木　はい。私も花粉症ですが、マスクをつけずに出かけるとひどいことになります。

呂　風邪と花粉症以外にも、マスクをする理由は何かあるんですか？

鈴木　最近聞いた話ですが、若い女性の中には、お化粧をしていない素顔を見られるのが恥ずかしいので、マスクをする人がいるそうです。

呂　そんな使い方もあるんですか！

▶ 単語 & 表現

戴口罩 dài kǒuzhào：マスクをつける
传染 chuánrǎn：伝染する、うつる。"传染给别人"で「他人にうつす」。
防御 fángyù：防ぐ
管用 guǎnyòng：役に立つ。類義表現に"有好处 yǒu hǎochu"（利点がある）がある。
飘落 piāoluò：漂いながらゆっくりと舞い落ちる
得花粉症 dé huāfěnzhèng：花粉症にかかる
难受 nánshòu：辛い
害羞 hàixiū：恥ずかしがる、きまり悪がる
姿态 zītài：姿

▶説明のポイント

1. 「(病気を)うつす」「うつされる」に関する表現をいくつか紹介しよう。

「インフルエンザ」は"**流行性感冒** liúxíngxìng gǎnmào"。
例：**我被传染上了流行性感冒。**Wǒ bèi chuánrǎnshangle liúxíngxìng gǎnmào.
　　(インフルエンザをうつされた、インフルエンザにかかった)
「B型肝炎」は"**乙肝** yǐgān"と呼ばれる。
例：**乙肝会传染给孩子吗**？Yǐgān huì chuánrǎngěi háizi ma?（B型肝炎は子供にうつりますか？）
中国でも感染が拡大している「エイズ」は"**艾滋病** àizībìng"。
例：**艾滋病是一种危害性极大的传染病。**Àizībìng shì yì zhǒng wēihàixìng jídà de chuánrǎnbìng.（エイズはきわめて危険な伝染病です）
感染の拡大が深刻な問題となっている「エボラ出血熱、エボラウイルス」は"**埃博拉病毒** āibólā bìngdú"。
例：**埃博拉病毒通过野生动物传到人。**Āibólā bìngdú tōngguò yěshēng dòngwù chuándào rén.（エボラ出血熱は野生動物を通して人にうつります）

2. 中国では"**日本人怎么那么爱戴口罩？**Rìběnrén zěnme nàme ài dài kǒuzhào?"（日本人はなぜあんなにマスクが好きなのか？）と話題になっている。

中国人には風邪の予防や人にうつさないためにマスクをつけるという習慣はない。ただ最近話題のPM2.5が猛威を振るう"**雾霾** wùmái"（スモッグ）の日は、マスクをつける人がたくさん現れる。

また北方では、防寒のためにマスクをつける習慣があると聞く。そのマスクは使い捨てではなく、かなりしっかりとできたもので、何度も洗って使えるものだそうだ。

Part2 6. 日本の文化・生活に親しむ

▶応用フレーズ

(1) 抗生物質ってそんなに効果があるんですか？

抗生素那么管用吗?
Kàngshēngsù nàme guǎnyòng ma?

この薬は喉の痛みにとても効果があります。

这药对咽喉痛特别管用。
Zhè yào duì yānhóutòng tèbié guǎnyòng.

SNS は災害時にとても役立ちます。

社交软件在发生灾害时特别管用。
Shèjiāo ruǎnjiàn zài fāshēng zāihài shí tèbié guǎnyòng.

(2) その時期になると、さらに多くの観光客が京都を訪れます。

到了那个时期，会有更多的游客来到京都。
Dàole nàge shíqī, huì yǒu gèng duō de yóukè láidào Jīngdū.

お祭りの時期になると、もっとたくさんの露店が並びます。

到了庙会的日子，会有更多的摊子摆出来。
Dàole miàohuì de rìzi, huì yǒu gèng duō de tānzi bǎichulai.

2月になると、もっとたくさんの流氷を見ることができます。

到了二月，能看到更多的浮冰。
Dàole èryuè, néng kàndào gèng duō de fúbīng.

▷日本の病院で診てもらう

1日中街歩きを楽しんだ方 (Fāng) さん、ホテルに戻るといつもと違う疲れが…。翌日、高熱が出たため、ガイドの鈴木さんに連れられ病院に向かいました。

鈴木：那我为您翻译一下医生说的话。体温有３８度５呢。身体各个关节痛吗?
Nà wǒ wèi nín fānyì yíxià yīshēng shuō de huà. Tǐwēn yǒu sānshíbā dù wǔ ne. Shēntǐ gège guānjié tòng ma?

方：是的。浑身上下的关节都痛。
Shì de. Húnshēn shàngxià de guānjié dōu tòng.

鈴木：请张开嘴。
Qǐng zhāngkāi zuǐ.

方：喉咙也痛。
Hóulóng yě tòng.

鈴木：嗓子里面红了。能把衬衫卷上去一点吗? 好像要放听诊器。
Sǎngzi lǐmiàn hóng le. Néng bǎ chènshān juǎnshangqu yìdiǎn ma? Hǎoxiàng yào fàng tīngzhěnqì.

方：情况如何啊?
Qíngkuàng rúhé a?

鈴木：好像是流感。医生说会给您开些药，退烧之前让您在酒店里静养。
Hǎoxiàng shì liúgǎn. Yīshēng shuō huì gěi nín kāi xiē yào, tuìshāo zhīqián ràng nín zài jiǔdiànli jìngyǎng.

方：今天本来想去京都的呢。
Jīntiān běnlái xiǎng qù Jīngdū de ne.

鈴木：流感是很可怕的病，所以医生让您吃些好吃的，然后好好休息，等恢复健康再去京都呢。
Liúgǎn shì hěn kěpà de bìng, suǒyǐ yīshēng ràng nín chī xiē hǎochī de, ránhòu hǎohāo xiūxi, děng huīfù jiànkāng zài qù Jīngdū ne.

Part2 6. 日本の文化・生活に親しむ

▷在日本医院看病
Zài Rìběn yīyuàn kànbìng

鈴木 ではお医者さんがおっしゃることを通訳しますね。熱が8度5分あります。体の節々は痛いですか？

方 はい。体中の関節が痛いです。

鈴木 口を開けてみてください。

方 喉も痛いです。

鈴木 喉の奥が赤くなってます。シャツをまくり上げてくれますか？ 聴診器を当てるそうです。

方 どんな具合ですか？

鈴木 インフルエンザだそうです。薬をいくつか出しておきますので、熱が下がるまでホテルで静かに休んでいてくださいとのことです。

方 今日は京都に行く予定だったのに。

鈴木 インフルエンザは怖い病気ですから、おいしいものを食べてゆっくり休み、元気になったら京都に行ってくださいとおっしゃっていますよ。

▶単語＆表現

各个 gège：それぞれ、各
关节 guānjié：関節
浑身 húnshēn：全身、体中
张开 zhāngkāi：開ける
嘴 zuǐ：口
喉咙 hóulóng：咽喉部、のど
嗓子 sǎngzi：のど
卷 juǎn：巻く、まくる。"卷上去"で「まくり上げる」。
放听诊器 fàng tīngzhěnqì：聴診器を置く・当てる

情况 qíngkuàng：状況、様子
流感 liúgǎn：インフルエンザ
开药 kāi yào：処方箋を書く、薬を処方する
退烧 tuìshāo：熱が下がる
静养 jìngyǎng：静養する
本来 běnlái：本来、もともと
可怕 kěpà：怖い、恐ろしい
等 děng〜再 zài…：〜してから…する
恢复 huīfù：回復する

185

▶ 説明のポイント

1. 病気の際に外国語で病状を説明するのは難しい。とくに「ずきずき」「くらくら」など擬態語を表現するのは大変だ。そこで、病状を表す定型表現を紹介する。

頭：「頭がずきずきする」**头一跳一跳地疼** tóu yí tiào yí tiào de téng
　　「頭がくらくらする」**头晕** tóu yūn
目：「目の中がちくちくする」**眼睛里面刺痛** yǎnjing lǐmiàn cì tòng
　　「目がごろごろする」**眼睛里像有异物摩擦着疼** yǎnjingli xiàng yǒu yìwù mócāzhe téng
歯：「奥歯がずきずきする」**里面的牙阵痛** lǐmiàn de yá zhèntòng
　　「歯がぐらぐらする」**牙松动** yá sōngdòng
胸、おなか：
　　「心臓がどきどきする」**心悸** xīnjì
　　「胃がきりきり痛む」**胃绞痛** wèi jiǎotòng
　　「胃がむかむかする」**反胃** fǎnwèi
　　「みぞおちが痛む」**心口疼** xīnkǒu téng
　　「おなかがごろごろする」**肚子咕噜咕噜叫** dùzi gūlūgūlū jiào
体調：「体がふらふらする」**身体摇晃** shēntǐ yáohuàng
　　　「ぐったりしている」**筋疲力尽** jīn pí lì jìn

2. "放听诊器"の"放"はここでは「当てる」の意。"放"は基本的には「放す、(放して)自由にする」の意味だが、意味範囲が広く、様々な使い方がある。よく出てくるのが、「置く」という意味と「入れる」という意味。

例：**把书包放座位上** bǎ shūbāo fàng zuòwèishang（かばんを座席の上に置く）
　　往澡盆里放水 wǎng zǎopénli fàngshuǐ（バスタブにお湯を入れる）

Part2 6. 日本の文化・生活に親しむ

▶応用フレーズ

(1) シャツを肘のところまでまくりあげてください。
> 请把衬衫卷到手肘附近。
> Qǐng bǎ chènshān juǎndào shǒuzhǒu fùjìn.

あごをこの台にのせてまっすぐ光を見つめてください。
> 请把下巴放到这个台子上，直视光源。
> Qǐng bǎ xiàba fàngdào zhège táizishang, zhíshì guāngyuán.

息を大きく吸ってそのまま止めてください。
> 请深吸一口气，然后保持不动。
> Qǐng shēn xī yì kǒu qì, ránhòu bǎochí bú dòng.

(2) 雨が上がってから散策に出かけるのはどうでしょう。
> 等雨停了再出去散心吧?
> Děng yǔ tíngle zài chūqu sànxīn ba?

部屋で一息ついてから温泉に入るのはどうでしょう。
> 在房间里休息一下再去泡温泉吧?
> Zài fángjiānli xiūxi yíxià zài qù pào wēnquán ba?

ネットで座席を予約してから映画館に行くのはどうでしょう。
> 在网上预订好座位再去电影院如何?
> Zài wǎngshang yùdìnghǎo zuòwèi zài qù diànyǐngyuàn rúhé?

> ### 通訳案内のワンポイントコラム　"放"を使った表現
> 　本文中に登場した"放"は「説明のポイント2」で紹介した以外にも様々な表現で使われる。
> 例：**放爆竹** fàng bàozhú (爆竹を鳴らす)
> 　　**放假** fàngjià (休みになる)
> 　　**放一盘 CD 听** fàng yì pán CD tīng (CDをかけて聞く)
> 　　**把照片放大** bǎ zhàopiàn fàngdà (写真を引き伸ばす)
> また"放下""放出"など、方向補語が付いた形でもよく用いる。
> 例：**水放不出去** shuǐ fàngbuchūqù (水が流れていかない)

日本は男尊女卑？

商談で日本にやってきた金 (Jīn) さん、仕事のあと日本人と食事に行きました。お酒も入ってリラックスしたところで、よもやま話が始まります。

金： 在 中国 大家 都 说 最 幸福 的 是, 住 英国 的 房子、吃
Zài Zhōngguó dàjiā dōu shuō zuì xìngfú de shì, zhù Yīngguó de fángzi、chī
中国 的 料理、和 日本 的 女性 结婚。
Zhōngguó de liàolǐ、hé Rìběn de nǚxìng jiéhūn.

佐藤： 也 就 是 说 日本 的 女性 很 受 欢迎?
Yě jiù shì shuō Rìběn de nǚxìng hěn shòu huānyíng?

金： 是 的。日本 的 女性 很 温柔, 为 丈夫 尽心 尽力。
Shì de. Rìběn de nǚxìng hěn wēnróu, wèi zhàngfu jìnxīn jìnlì.

佐藤： 不过 这 种 日本 女性 也许 已经 灭绝 了。日本 的 男性
Búguò zhè zhǒng Rìběn nǚxìng yěxǔ yǐjīng mièjué le. Rìběn de nánxìng
在 外 威风 凛凛, 但 在 家里 女性 更 有 权。一般 钱 也
zài wài wēifēng lǐnlǐn, dàn zài jiālǐ nǚxìng gèng yǒu quán. Yìbān qián yě
是 女性 管理。
shì nǚxìng guǎnlǐ.

金： 是 吗? 那 丈夫 没 有 可以 自由 支配 的 钱 吗?
Shì ma? Nà zhàngfu méi yǒu kěyǐ zìyóu zhīpèi de qián ma?

佐藤： 找 老婆 要, 但 只 有 一点点。
Zhǎo lǎopo yào, dàn zhǐ yǒu yìdiǎndiǎn.

金： 那 是 因为 佐藤 先生 您 太 温柔 了 吧?
Nà shì yīnwei Zuǒténg xiānsheng nín tài wēnróu le ba?

佐藤： 不 是 不 是, 像 我 这样 四十 多 岁 的 人 的 家庭, 基本 都
Bú shì bú shì, xiàng wǒ zhèyàng sìshí duō suì de rén de jiātíng, jīběn dōu
这 样子。 政府 现在 正在 推广 建设 女性 可以
zhè yàngzi. Zhèngfǔ xiànzài zhèngzài tuīguǎng jiànshè nǚxìng kěyǐ
活跃 的 社会, 但 真 希望 政府 可以 呼吁 一下 让 女性
huóyuè de shèhuì, dàn zhēn xīwàng zhèngfǔ kěyǐ hūyù yíxià ràng nǚxìng
在 家里 对 男性 再 好 一点。
zài jiālǐ duì nánxìng zài hǎo yìdiǎn.

▷日本有男尊女卑？
Rìběn yǒu nán zūn nǚ bēi?

金 中国では、人間が一番幸せなのはイギリスの家に住み、中国の料理を食べ、日本の女性と結婚することだと言われています。

佐藤 つまり日本の女性は人気があるということですか？

金 はい。日本の女性は優しくて夫によく尽くすそうですから。

佐藤 そういう日本人女性はもう絶滅してしまったかもしれませんよ。日本では外では男がいばっていますが、家の中では奥さんのほうが強いんです。お金も普通は奥さんが管理しています。

金 そうなんですか？　では夫が自由に使えるお金はないんですか？

佐藤 奥さんからお小遣いをもらうんです、ほんのちょっぴり。

金 佐藤さんが優しいからでしょう？

佐藤 いやいや、私のような40代くらいの人の家庭では、どこもこんな感じですよ。政府は女性が活躍できる社会を作ろうと言っていますが、家庭の中では夫にもっと優しくと呼びかけてほしいです、ホント。

▶単語＆表現

也就是说 yě jiù shì shuō：すなわち
温柔 wēnróu：優しい
尽心尽力 jìnxīn jìnlì：心を尽くし力を尽くす
灭绝 mièjué：絶滅する
权 quán：権力

找 zhǎo～要 yào：～のところに頼みに行く
推广 tuīguǎng：推し進める
建设 jiànshè：造り上げる
活跃 huóyuè：活躍する
呼吁 hūyù：呼びかける

▶ 説明のポイント

1. 「人生における最高の生活とは、アメリカで給料をもらい、イギリスの家に住み、中国の料理を食べ、日本の女性と結婚すること」というのは有名なジョーク。この続きは「最低の生活とは、中国で給料をもらい、日本の家に住み、イギリスの料理を食べ、アメリカの女性と結婚すること」となる。いろいろなパターンがあるが、中国では、

最幸福的生活，莫过于娶个日本老婆，雇个中国厨子，请个法国管家。
Zuì xìngfú de shēnghuó, mòguòyú qǔ ge Rìběn lǎopo, gù ge Zhōngguó chúzi, qǐng ge Fǎguó guǎnjiā.（一番幸せな生活とは、日本人の奥さんをもらい、中国人のコックを雇い、フランス人の執事に来てもらうことだ）

などと言う。"莫过于～"は「～を越すものはない」、"厨子"は"厨师 chúshī"と同じで「コック」。いずれにせよ、中国で聞くこのタイプの話には、必ず日本女性と中国料理が入っている。中国では今でも日本女性に対するイメージはとても良い。

2. 本文で家計についての話が出てきたが、中国人に家計について聞かれた際には「家計は夫婦で分担しています」"**日常支出由夫妇二人共同分担。**Rìcháng zhīchū yóu fūfù èr rén gòngtóng fēndān." とか「財布のひもは妻が握っています」"**妻子掌握着金钱支配权。**Qīzi zhǎngwòzhe jīnqián zhīpèiquán." などと説明しよう。

家事の分担に関しては「うちの夫は家事はまったくしません」"**我老公完全不做家务。**Wǒ lǎogōng wánquán bú zuò jiāwù." 、分担している場合には「共働きですので、早く帰ってきたほうが夕食を作ることになっています」"**因为是双职工所以谁先到家谁做饭。**Yīnwei shì shuāngzhígōng suǒyǐ shéi xiān dào jiā shéi zuò fàn." などと言う。

▶ 応用フレーズ

(1) つまりこの方法ではうまくいかないということですか？

也就是说这个方法行不通吗?
Yě jiù shì shuō zhège fāngfǎ xíngbutōng ma?

つまり明日の予定は中止になるかもしれないということですか？

也就是说明天的计划可能中止吗?
Yě jiù shì shuō míngtiān de jìhuà kěnéng zhōngzhǐ ma?

つまり中国の習慣とは違うということですか？

也就是说和中国的习惯不同吗?
Yě jiù shì shuō hé Zhōngguó de xíguàn bù tóng ma?

(2) それは李さんがすごく頑張り屋さんだからでしょう。

那是因为李先生您非常努力吧?
Nà shì yīnwei Lǐ xiānsheng nín fēicháng nǔlì ba?

それはこの町の予算が足りないからでしょう。

那是因为这座城镇的预算不够了吧?
Nà shì yīnwei zhè zuò chéngzhèn de yùsuàn búgòu le ba?

それはこの町が観光で生きようとしているからでしょう。

那是因为这座城镇想靠旅游发展下去吧?
Nà shì yīnwei zhè zuò chéngzhèn xiǎng kào lǚyóu fāzhǎnxiaqu ba?

▶通訳案内のワンポイントコラム 「亭主関白」と「かかあ天下」

「亭主関白」や「かかあ天下」といった言葉は、今ではあまり使われなくなったが、自分の夫が「昔ながらの亭主関白タイプ」という場合には
「夫は典型的な亭主関白です」"我老公是典型的大男子主义。Wǒ lǎogōng shì diǎnxíng de dànánzǐ zhǔyì." などと言う。

逆に妻のほうが強ければ
「家ではかみさんの尻に敷かれています」"我在家里是妻管严。Wǒ zài jiāli shì qīguǎnyán." などと言うことができる。

▷店員がひざまずいてくれた！

日本の衣料品店でズボンを買った胡 (Hú) さん。男性の店員さんがやってきて膝をついて丈を測ってくれました。この姿に大感激です。

胡： 一个大 男人 居然 给 我 下跪!
Yí ge dà nánrén jūrán gěi wǒ xiàguì!

田中： 中国 男人 不 会 做 下跪 这个 动作 吗?
Zhōngguó nánrén bú huì zuò xiàguì zhège dòngzuò ma?

胡： 中国 男人 一生 只会下跪 两次。
Zhōngguó nánrén yìshēng zhǐ huì xiàguì liǎng cì.

田中：第 一 次 是?
Dì yī cì shì?

胡： 大概 是 求婚 的 时候。
Dàgài shì qiúhūn de shíhou.

田中：第 二 次 呢?
Dì èr cì ne?

胡： 为了 表示 深深 的 谢意 或者 是 道歉 的 时候。
Wèile biǎoshì shēnshēn de xièyì huòzhě shì dàoqiàn de shíhou.

田中：下跪 这个 动作 原来 是 这么 重 的 礼节。
Xiàguì zhège dòngzuò yuánlái shì zhème zhòng de lǐjié.

胡： 的确 如此! 有 句 话 叫 "男儿 膝下 有 黄金"。
Díquè rúcǐ! Yǒu jù huà jiào "nán'ér xī xià yǒu huángjīn".

田中：不 好意思, 可能 要 让 你 失望 了。在 日本 下跪 并 不
Bù hǎoyìsi, kěnéng yào ràng nǐ shīwàng le. Zài Rìběn xiàguì bìng bú
一定 是 礼节。跪坐 并 深深 鞠躬才 能 会 表示
yídìng shì lǐjié. Guìzuò bìng shēnshēn jūgōng cái néng huì biǎoshì
深深 的 谢意 或 歉意。
shēnshēn de xièyì huò qiànyì.

Part2 6. 日本の文化・生活に親しむ

▷店員竟然向我下跪了!
Diànyuán jìngrán xiàng wǒ xiàguì le!

胡　大の男がひざをついてくれるとは!

田中　中国人の男性はひざをつくというしぐさをしないんですか?

胡　中国の男がひざをつくのは人生で2回くらいなものです。

田中　1回目は?

胡　プロポーズする時ですかね。

田中　2回目は?

胡　何か大きなことで感謝するとか謝るとか。

田中　「ひざをつく」というしぐさはとても重い礼なんですね。

胡　その通り!　「男の膝には黄金がある」なんて言い方もあるくらいです。

田中　すみません、こんなことを言うとがっかりさせてしまうかもしれませんが、日本では「ひざをつく」というしぐさは必ずしも礼ではないんです。正座をして深々とお辞儀をすると、とても深い感謝やお詫びの意味になりますが。

▶単語&表現

大男人 dà nánrén:大の男
居然 jūrán:意外にも
下跪 xiàguì:跪く。"给我下跪"で「私（のため）に跪く」。
道歉 dàoqiàn:謝る
礼节 lǐjié:礼儀、礼節
有句话叫 yǒu jù huà jiào:～という言葉がある。格言や諺を引用する際によく使われる言い回し。似た言い回しに "有句话说 yǒu jù huà shuō"、"俗话说 súhuà shuō"
不好意思 bù hǎoyìsi:申し訳ない
并 bìng:（副詞の場合）（否定語の前に用いて）決して、別に。（接続詞の場合）その上、そして
跪坐 guìzuò:正座する
鞠躬 jūgōng:お辞儀する
歉意 qiànyì:申し訳ない気持ち

193

▶ 説明のポイント

日中で「礼」の表現の仕方は微妙に違う。

"**磕头** kētóu"は「ぬかづく」。額を床にコツンと当てるしぐさを指す。

"**下跪** xiàguì"は本文中にも出てきた「ひざまずく」。両膝を床などにつけお尻は足に下ろさず上げたまま。"**磕头**"とセットでこの礼を行う時は、お尻も膝から上の足もその下の足につけず、上にあげたまま頭を深く垂れる。

中国の留学生から「子供の頃は春節に祖父母の家に行き、ひざまずいて叩頭の礼をしてからお年玉をもらった。痛くないようにコツンと音を立てるにはコツがいった」と聞いたことがある。

中国人のお寺での参拝のしかたは一般に"**磕头**"と"**下跪**"をセットで行う。イスラム教徒の祈り方を彷彿とさせる。

「お辞儀をする」は"**鞠躬** jūgōng"といい、日中で同じしぐさだが、中国ではより深い意味合いを持ち、祖先や目上の人に捧げる礼。朝、近所の人に会ってお辞儀をして挨拶をする、というようなマナーの意味でのお辞儀は中国には存在しない。

手を合わせるしぐさは"**合十** héshí"といい、一般にお坊さんがする。"**拱手** gǒngshǒu"("**作揖** zuòyī"ともいう)は、右手を握り左手をその外側にかぶせ、胸のところで合わせるしぐさで、一般に男性が感謝や敬意を表すために行う。

下跪　　　　　　　　　　拱手

Part2 6. 日本の文化・生活に親しむ

▶応用フレーズ

「酒席で気の合う友に会えば千杯飲んでも足りない」なんて言い方もあります。

> 有句话叫 "酒逢知己千杯少"。
> Yǒu jù huà jiào "jiǔ féng zhī jǐ qiān bēi shǎo".

「会うは別れの始め」なんて言い方もあります。

> 有句话说 "天下没有不散的宴席"。
> Yǒu jù huà shuō "tiānxià méiyou bú sàn de yànxí".

「あばたもえくぼ」なんて言い方もあります。

> 俗话说 "情人眼里出西施"。
> Súhuà shuō "qíngrén yǎnli chū Xīshī".

> *"西施"は春秋時代の美女の名前。"情人眼里出西施"は「恋人の目には西施が現れる」の意。

▶通訳案内のワンポイントコラム　中国人が驚く日本人のしぐさ

　本文中で胡さんを驚かせた"下跪"とは、両足の膝頭を地につけ、お尻を足の上に下ろすことなく上半身を立てたままの動作。普通はこのあと上半身を前に倒し額づく（「説明のポイント」参照）。深い感謝や謝罪を意味する。

　額づかずに上半身を立てたままでも深い礼を表すが、この姿は日本人には礼には見えないので注意したい。

　このような礼は文革時封建時代の名残として社会から一掃されたが、近年また復活しつつあるそうだ。飛行機の座席のそばで乗客と会話を交わす日本人キャビンアテンダントや、洋服売り場でズボンの寸法を測る日本の店員が何気なくこうした姿勢をするのを目にすると、中国人は驚くことがある。

漢字・ひらがな・カタカナ

蘇 (Sū) さんは日本の町をぶらついていろいろな看板を眺め、日本で使われている漢字の意味を想像しては楽しんでいます。

苏： 日本 的 招牌上 汉字 很 多，所以 不 觉得 是 来到了
Rìběn de zhāopáishang Hànzì hěn duō, suǒyǐ bù juéde shì láidàole
外国。
wàiguó.

田中： 日本人 到 中国 的 时候 也 有 这 种 感觉。
Rìběnrén dào Zhōngguó de shíhou yě yǒu zhè zhǒng gǎnjué.

苏： 但是 "平假名" 和 "片假名" 就 不 认识 了。这 是
Dànshì "píngjiǎmíng" hé "piànjiǎmíng" jiù bú rènshi le. Zhè shì
什么 文字 呢？
shénme wénzì ne?

田中： 两 种 都 是 由 汉字 演变 的 表音 文字。平假名 是
Liǎng zhǒng dōu shì yóu Hànzì yǎnbiàn de biǎoyīn wénzì. Píngjiǎmíng shì
将 汉字 变形 得来的。比如"あ"是 从 "安"字 变过来
jiāng Hànzì biànxíng délái de. Bǐrú "a" shì cóng "ān" zì biànguolai
的。 片假名 是 汉字 的 一部分，比如"イ"是"伊"的
de. Piànjiǎmíng shì Hànzì de yíbùfen, bǐrú "yi" shì "yī" de
偏旁，也 就 是 从 人字旁 得来的。
piānpáng, yě jiù shì cóng rénzìpáng délái de.

苏： 怎么样 区分来 使用 呢？
Zěnmeyàng qūfēn lái shǐyòng ne?

田中： 动词 和 名词 主要 用 汉字，助词 等 用 平假名。
Dòngcí hé míngcí zhǔyào yòng Hànzì, zhùcí děng yòng píngjiǎmíng.
片假名 用于 外来语、拟声词 和 动物 名称 等。
Piànjiǎmíng yòngyú wàiláiyǔ, nǐshēngcí hé dòngwù míngchēng děng.
另外 用 汉字 的话 感觉 高雅 但 有 难度，用 平假名
Lìngwài yòng Hànzì dehuà gǎnjué gāoyǎ dàn yǒu nándù, yòng píngjiǎmíng
感觉 温柔 但是 幼稚，把 外来语 用 片假名 来 表示
gǎnjué wēnróu dànshì yòuzhì, bǎ wàiláiyǔ yòng piànjiǎmíng lái biǎoshì
的话 感觉 很 时髦 帅气。
dehuà gǎnjué hěn shímáo shuàiqi.

Part2 6. 日本の文化・生活に親しむ

▷汉字、平假名、片假名
Hànzì、píngjiǎmíng、piànjiǎmíng

蘇　日本の看板には漢字が多いので、外国に来た気がしません。

田中　日本人も中国に行くとそういう気分になります。

蘇　でも「ひらがな」「カタカナ」はよくわかりませんね。どういう文字なんですか？

田中　どちらも漢字がもとになった表音文字です。ひらがなは漢字をくずしたもの。たとえば「あ」は「安」という漢字をくずして作られました。カタカナは漢字の一部、たとえば「イ」は「伊」の偏、つまりニンベンを使っています。

蘇　どのように使い分けをするんですか？

田中　動詞や名詞は主に漢字を使い、助詞などはひらがなを使います。カタカナは外来語や擬音語、動物の名称などに使います。また漢字を使うと高尚で難しい感じ、ひらがなを使うと優しく幼稚な感じ、外来語をカタカナで表すとおしゃれでかっこいい感じがします。

▶単語＆表現

招牌 zhāopái：看板
演变 yǎnbiàn：(比較的長い間に)変化・発展していく
将 jiāng～**变形** biànxíng：～を変形する
比如 bǐrú：たとえば
偏旁 piānpáng：ヘンやツクリ
人字旁 rénzipáng：にんべん
来 lái：～でもって…する。動詞(句)と動詞(句)の間に用いて、前半が方法・態度を、後半が目的を表す。
用于 yòngyú：～に用いる
拟声词 nǐshēngcí：擬音語
高雅 gāoyǎ：高尚だ
有难度 yǒu nándù：難しさがある、難しい
时髦 shímáo：モダンな、はやりの
帅气 shuàiqi：かっこいい

197

▶ 説明のポイント

1. **"认识 rènshi"は「認識する」「見知る」「知っている」「見て覚える」などの意味がある。**

例：**你认识他吗？** Nǐ rènshi tā ma?（あなたはこの人を知っていますか？）
　　认识您我很高兴。 Rènshi nín wǒ hěn gāoxìng.
　　（お知り合いになれてうれしいです）
　　我儿子已经认识三百个字了。 Wǒ érzi yǐjing rènshi sānbǎi ge zì le.
　　（うちの息子はもう300字を覚えた）

2. 部首の中国語は字を説明するときに必要になることがある。本文で出てきた**"人字旁" rénzìpáng**（にんべん）のほかに、主なものを見てみよう。

① "〜旁 páng" を使うもの
いとへん：**绞丝旁** jiǎosīpáng　　　のぎへん：**禾木旁** hémùpáng
ごんべん：**言字旁** yánzìpáng　　　けものへん：**反犬旁** fǎnquǎnpáng
てへん：**提手旁** tíshǒupáng　　　りっしんべん：**竖心旁** shùxīnpáng

② "〜盖 gài、〜头 tóu (〜かんむり) を使うもの
うかんむり：**宝盖** bǎogài　　　　くさかんむり：**草字头** cǎozìtóu
わかんむり：**秃宝盖** tūbǎogài　　やまいだれ：**病字旁** bìngzìpáng
あなかんむり：**穴字头** xuézìtóu　　りっとう：**立刀旁** lìdāopáng

③ そのほか
しんにゅう：**走之** zǒuzhī
さんずい：**三点水** sāndiǎnshuǐ

▶応用フレーズ

(1) この2つの言葉はどのように使い分けるのですか？

怎么样区分使用这两个词呢?
Zěnmeyàng qūfēn shǐyòng zhè liǎng ge cí ne?

中国ではどんなふうにゴミを分別するのですか？

在中国是怎样区分垃圾的呢?
Zài Zhōngguó shì zěnyàng qūfēn lājī de ne?

品質の良し悪しはどうやって判断するのですか？

怎么样判断品质的好坏呢?
Zěnmeyàng pànduàn pǐnzhì de hǎo huài ne?

(2) お店の名前の入ったティッシュは宣伝に用いられます。

印有店家名字的纸巾用于宣传。
Yìnyǒu diànjiā míngzi de zhǐjīn yòngyú xuānchuán.

回収したアンケートはサービスの改善のために用いられます。

回收的调查问卷将用于服务的改进。
Huíshōu de diàochá wènjuàn jiāng yòngyú fúwù de gǎijìn.

このアプリはスケジュール管理のために用いられます。

这款应用软件用于管理日程表。
Zhè kuǎn yìngyòng ruǎnjiàn yòngyú guǎnlǐ rìchéngbiǎo.

▷「人に迷惑をかけない」文化も時によると　TRACK 49

池 (Chí) さんは電車の中で、若い母親が泣きわめく幼児を必死にあやす場面に遭遇。その必死さにすっかり同情してしまいました。

池： 那位 年轻 的 母亲，刚才 因为 小孩儿 哭闹 不止 真 是
Nà wèi niánqīng de mǔqin, gāngcái yīnwei xiǎoháir kūnào bùzhǐ zhēn shì
手 足 无 措，好 可怜!
shǒu zú wú cuò, hǎo kělián!

铃木： 在 电车里 小孩儿 闹起来 的话 母亲 很 不 容易。
Zài diànchēli xiǎoháir nàoqilai dehuà mǔqin hěn bù róngyì.

池： 但是 小孩儿 闹 是 很 正常 的啊，没 有 必要 那么
Dànshì xiǎoháir nào shì hěn zhèngcháng de a, méi yǒu bìyào nàme
拼命 哄啊。
pīnmìng hǒng a.

铃木： 在 日本，孩子们 都 会 接受 "不给 别人 添 麻烦" 的 教育。
Zài Rìběn, háizimen dōu huì jiēshòu "bù gěi biérén tiān máfan" de jiàoyù.
那位 母亲 也 是 不 想 "给 别人 添 麻烦"。 中国 有
Nà wèi mǔqin yě shì bù xiǎng "gěi biérén tiān máfan". Zhōngguó yǒu
这样 的 时候 吗？
zhèyàng de shíhou ma?

池： 小孩儿 哭闹 但 完全 不 觉得 麻烦。大家 都 会 哄哄、
Xiǎoháir kūnào dàn wánquán bù juéde máfan. Dàjiā dōu huì hǒnghong、
抱抱，觉得 小孩儿 很 可爱。
bàobao, juéde xiǎoháir hěn kě'ài

铃木： 是 啊。我 在 中国 也 见过 那 种 场景。"不 能 给
Shì a. Wǒ zài Zhōngguó yě jiànguo nà zhǒng chǎngjǐng. "Bù néng gěi
别人 添 麻烦" 也 要 因时而异啊。
biérén tiān máfan" yě yào yīn shí ér yì a.

池： 是 啊。小孩儿 闹 不 是 麻烦 而 是 大人们 的 喜悦啊。因为
Shì a. Xiǎoháir nào bú shì máfan ér shì dàrenmen de xǐyuè a. Yīnwei
能 给 社会 带来 活力。
néng gěi shèhuì dàilai huólì.

▶ "不给别人添麻烦"的文化也要因时而异
"Bù gěi biérén tiān máfan" de wénhuà yě yào yīn shí ér yì

池 あの若いお母さん、さっきから子供が泣き止まないので本当に困っていますね。かわいそう！

鈴木 電車の中で小さい子が騒ぎ出すとお母さんはとても大変です。

池 でも小さい子が騒ぐのは当たり前でしょう。あんなに必死になってあやす必要なんてないのに。

鈴木 日本では子供たちは「人に迷惑をかけてはいけない」と教わります。あの母親は「人に迷惑をかける」のがいやなんです。中国でもこういうことはありますか？

池 小さい子が泣いたって全然迷惑じゃありません。みんなでその子をあやしたり、だっこしたり、可愛がりますよ。

鈴木 そうですね。私も中国でそういう場面を見ました。「人に迷惑をかけてはいけない」という考え方も時によりますね。

池 そうです。子供が騒ぐのは迷惑ではなくて、大人たちの喜びです。社会に活力をもたらしてくれるんですから。

▶ 単語&表現

哭闹不止 kūnào bùzhǐ：泣き止まない。"哭闹" は「泣きわめく」。
手足无措 shǒu zú wú cuò：どうしてよいかわからない
可怜 kělián：かわいそうだ
闹起来 nàoqilai：騒ぎ出す
闹 nào：騒ぐ

拼命 pīnmìng：懸命に
哄 hǒng：あやす
添麻烦 tiān máfan：迷惑をかける
因时而异 yīn shí ér yì：時によって異なる
喜悦 xǐyuè：喜び
带来 dàilai：もたらす

▶ 説明のポイント

　本文の"手足无措 shǒu zú wú cuò"は「どうしてよいかわからず困っている様子」を表す成句。そのほかに「困る、困っている」に関する中国語を紹介する。

遇到困难 yùdào kùnnan：困難に直面する

例：您遇到什么困难了吗？ Nín yùdào shénme kùnnan le ma?（何かお困りですか？）

犯难 fànnán：困る、持てあます

例：日本街道的垃圾箱很少，大家为了找扔垃圾的地方而犯难了吧。Rìběn jiēdào de lājīxiāng hěn shǎo, dàjiā wèile zhǎo rēng lājī de dìfang ér fànnán le ba.（日本の町はごみ箱が少ないので、皆さんごみの捨て場にお困りでしょう）

麻烦 máfan：面倒である

例：下雨就麻烦了，还是带上伞吧。Xià yǔ jiù máfan le, háishi dàishang sǎn ba.（雨に降られると困るので、傘を持っていきましょう）

让 ràng ～ **头疼** tóuténg：～に頭の痛い思いをさせる、～をうんざりさせる

例：堵车堵得厉害，让人头疼。Dǔchē dǔde lìhai, ràng rén tóuténg.
（すごい渋滞で困りましたね）

那个孩子让他妈妈十分头疼，发生了什么？ Nàge háizi ràng tā māma shífēn tóuténg, fāshēngle shénme?
（あの子はずいぶんお母さんを困らせていますね。どうしたんでしょう？）

ほかに"**为难** wéinán"（困る；⇒ p.52）なども使われる。

Part2　6. 日本の文化・生活に親しむ

▶ 応用フレーズ

(1) 待ち合わせまでまだ時間があるので、そんなに急ぐ必要はないですよ。

离碰头还有些时间，没有必要那么赶啊。
Lí pèngtóu hái yǒu xiē shíjiān, méiyou bìyào nàme gǎn a.

もうすぐ順番が来るので、そんなにいらいらする必要はありませんよ。

马上就要轮到我们了，没必要那么生气啊。
Mǎshàng jiù yào lúndào wǒmen le, méi bìyào nàme shēngqì a.

たいしたけがではありませんので、そんなに心配しなくて良いですよ。

不是什么大不了的伤，没必要那么担心啊。
Bú shì shénme dàbuliǎo de shāng, méi bìyào nàme dānxīn a.

(2) 奈良公園の鹿は飼育されているのではなく野生です。

奈良公园的鹿不是饲养的而是野生的。
Nàiliáng gōngyuán de lù bú shì sìyǎng de ér shì yěshēng de.

秋の虫の声は日本人にとって雑音ではなく美しい音色なのです。

秋日的虫鸣对日本人来说不是噪音而是悦耳之音。
Qiūrì de chóngmíng duì Rìběnrén lái shuō bú shì zàoyīn ér shì yuè'ěr zhī yīn.

多くの人にとってペットは動物ではなく家族の一員です。

对于很多人而言宠物不是动物而是家人。
Duìyú hěn duō rén ér yán chǒngwù bú shì dòngwù ér shì jiārén.

通訳案内のワンポイントコラム　中国人が驚く日本の子育て

　中国人が日本に来て驚くことの一つに子供の育てられ方がある。
　まずは「一人で電車通学する小学生」の姿。中国では中学校くらいまでは親が送り迎えをすると聞くと、逆に日本人も驚く。中国では、誘拐事件や乱暴な運転が多いなど治安が悪いため、親が子供の送り迎えをする。下校時間になると校門の前に親がずらりと並んで子供の帰りを待つ。
　次に「子供が冬でも素足であること」。中国では子供は一般に厚着で育てる。冬でも半ズボンに短い靴下だけの子供を見ると驚く。
　最後に「ごみを分別して捨てる子供」。中国ではごみを分別して捨てるという習慣が定着していないので、子供でもそれができる様子にびっくりする。

著者紹介

塚本慶一（つかもと・けいいち）
　杏林大学大学院国際協力研究科教授。北京大学日本語MTI（通訳翻訳修士課程）名誉センター長、サイマル・アカデミー中国語通訳養成コース主任講師。1947年中国に生まれる。東京外国語大学中国語学科卒業。日本国際協力銀行参事役、神田外語大学中国語学科教授などを歴任。著書に『日常・ビジネスに役立つ中国語の30秒スピーチ』（共著、研究社）、『中国語通訳への道』（大修館書店）、『実戦ビジネス中国語会話』（白水社）など多数。

芳沢ひろ子（よしざわ・ひろこ）
　お茶の水女子大学大学院修士課程修了。日本政府観光局公認通訳案内士として通訳ガイド、通訳、翻訳などに従事後、中国語講師を務める。著書に『中国語で日本のことを話してみる』（共著、中経出版）、『カルタ式中国語基礎成語260』（白帝社）、『中国語40字で伝える日本』（共著、白帝社）、『わかる中国語初級1』（共著、アルク）など。

編集協力
古屋順子
三島知子

音声編集
佐藤京子

本書中の文章の内容はすべてフィクションであり、実在の人物・団体とは一切関係ありません。

中国語で案内する日本

2015年11月1日　初版発行
2024年3月29日　4刷発行

著者
塚本慶一、芳沢ひろ子
© Keiichi Tsukamoto and Hiroko Yoshizawa, 2015

発行者
吉田尚志

発行所
株式会社　研　究　社
〒102-8152　東京都千代田区富士見 2-11-3
電話　営業(03)3288-7777(代)　編集(03)3288-7711(代)
振替　00150-9-26710
https://www.kenkyusha.co.jp/

KENKYUSHA
〈検印省略〉

装幀
Malpu Design（清水良洋）

本文デザイン
Malpu Design（佐野佳子）

本文イラスト
山口晴代

音声編集・製作
株式会社東京録音

音声吹き込み
李軼倫、李婷

印刷所
図書印刷株式会社

ISBN 978-4-327-39430-1　C0087　Printed in Japan